METODOLOGIE RIABILITATIVE IN LOGOPEDIA • VOL. 20

Collana a cura di
Carlo Caltagirone
Carmela Razzano
Fondazione Santa Lucia, IRCCS, Roma

Felice Paolo Arcuri • Francesca Arcuri

Manuale di sociologia
Teorie e strumenti per la ricerca sociale

FELICE PAOLO ARCURI
Facoltà di Sociologia
Università Tor Vergata
Roma

FRANCESCA ARCURI
S3 Opus Srl
Roma

Il libro è frutto della discussione e riflessione comune dei due autori. Tuttavia, la stesura materiale dei singoli capitoli è stata svolta individualmente. Così, i capitoli 1, 3, 5, 6 e 7 sono attribuibili a Felice Paolo Arcuri, mentre i capitoli 2, 4, 8, 9 e 10 sono attribuibili a Francesca Arcuri.

ISBN 978-88-470-1771-9   ISBN 978-88-470-1772-6 (eBook)

DOI 10.1007/978-88-470-1772-6

© Springer-Verlag Italia 2010

Quest'opera è protetta dalla legge sul diritto d'autore, e la sua riproduzione è ammessa solo ed esclusivamente nei limiti stabiliti dalla stessa. Le fotocopie per uso personale possono essere effettuate nei limiti del 15% di ciascun volume dietro pagamento alla SIAE del compenso previsto dall'art. 68, commi 4 e 5, della legge 22 aprile 1941 n. 633. Le riproduzioni per uso non personale e/o oltre il limite del 15% potranno avvenire solo a seguito di specifica autorizzazione rilasciata da AIDRO, Corso di Porta Romana n. 108, Milano 20122, e-mail segreteria@aidro.org e sito web www.aidro.org.
Tutti i diritti, in particolare quelli relativi alla traduzione, alla ristampa, all'utilizzo di illustrazioni e tabelle, alla citazione orale, alla trasmissione radiofonica o televisiva, alla registrazione su microfilm o in database, o alla riproduzione in qualsiasi altra forma (stampata o elettronica) rimangono riservati anche nel caso di utilizzo parziale. La violazione delle norme comporta le sanzioni previste dalla legge.

L'utilizzo in questa pubblicazione di denominazioni generiche, nomi commerciali, marchi registrati, ecc. anche se non specificatamente identificati, non implica che tali denominazioni o marchi non siano protetti dalle relative leggi e regolamenti.

Responsabilità legale per i prodotti: l'editore non può garantire l'esattezza delle indicazioni sui dosaggi e l'impiego dei prodotti menzionati nella presente opera. Il lettore dovrà di volta in volta verificarne l'esattezza consultando la bibliografia di pertinenza.

9 8 7 6 5 4 3 2 1

Layout copertina: Simona Colombo, Milano

Impaginazione: C & G di Cerri e Galassi, Cremona

Springer-Verlag Italia s.r.l., via Decembrio 28, I-20137 Milano
Springer fa parte di Springer Science+Business Media (www.springer.com)

Presentazione della collana

Nell'ultimo decennio gli operatori della riabilitazione cognitiva hanno potuto constatare come l'intensificarsi degli studi e delle attività di ricerca abbiano portato a nuove ed importanti acquisizioni. Ciò ha offerto la possibilità di adottare tecniche riabilitative sempre più efficaci, idonee e mirate.

L'idea di questa collana è nata dalla constatazione che, nella massa di testi che si sono scritti sulla materia, raramente sono stati pubblicati testi con il taglio del "manuale": chiare indicazioni, facile consultazione ed anche un contributo nella fase di pianificazione del progetto e nella realizzazione del programma riabilitativo.

La collana che qui presentiamo nasce con l'ambizione di rispondere a queste esigenze ed è diretta specificamente agli operatori logopedisti, ma si rivolge naturalmente a tutte le figure professionali componenti l'équipe riabilitativa: neurologi, neuropsicologi, psicologi, foniatri, fisioterapisti, insegnanti, ecc.

La spinta decisiva a realizzare questa collana è venuta dalla pluriennale esperienza didattica nelle Scuole di Formazione del Logopedista, istituite presso la Fondazione Santa Lucia - IRCCS di Roma. Soltanto raramente è stato possibile indicare o fornire agli allievi libri di testo contenenti gli insegnamenti sulle materie professionali, e questo sia a livello teorico che pratico.

Tutti gli autori presenti in questa raccolta hanno all'attivo anni di impegno didattico nell'insegnamento delle metodologie riabilitative per l'età evolutiva, adulta e geriatrica. Alcuni di essi hanno offerto anche un notevole contributo nelle più recenti sperimentazioni nel campo della valutazione e del trattamento dei deficit comunicativi. Nell'aderire a questo progetto editoriale essi non pretendono di poter colmare totalmente la lacuna, ma intendono soprattutto descrivere le metodologie riabilitative da essi attualmente praticate e i contenuti teorici del loro insegnamento.

I volumi che in questa collana sono specificamente dedicati alle metodologie e che, come si è detto, vogliono essere strumento di consultazione e di lavoro, conterranno soltanto brevi cenni teorici introduttivi sull'argomento: lo spazio più ampio verrà riservato alle proposte operative, fino all'indicazione degli "esercizi" da eseguire nelle sedute di terapia.

Gli argomenti che la collana intende trattare vanno dai disturbi del linguaggio e dell'apprendimento dell'età evolutiva, all'afasia, alle disartrie, alle aprassie, ai disturbi percettivi, ai deficit attentivi e della memoria, ai disturbi comportamentali delle sindromi postcomatose, alle patologie foniatriche, alle ipoacusie, alla balbuzie, ai disturbi del calcolo, senza escludere la possibilità di poter trattare patologie meno frequenti (v. alcune forme di agnosia).

Anche la veste tipografica è stata ideata per rispondere agli scopi precedentemente menzionati; sono quindi previsti in ogni volume illustrazioni, tabelle riassuntive ed elenchi di materiale terapeutico che si alterneranno alla trattazione, in modo da semplificare la lettura e la consultazione.

Nella preparazione di questi volumi si è coltivata la speranza di essere utili anche a quella parte di pubblico interessata al problema, ma che non è costituita da operatori professionali nè da specialisti.

Con ciò ci riferiamo ai familiari dei nostri pazienti e agli addetti all'assistenza che spesso fanno richiesta di poter approfondire attraverso delle letture la conoscenza del problema, anche per poter contribuire più efficacemente alla riuscita del progetto riabilitativo.

Roma, giugno 2000

Dopo la pubblicazione dei primi nove volumi di questa collana, si avverte l'esigenza di far conoscere quali sono state le motivazioni alla base della selezione dei lavori fin qui pubblicati.

Senza discostarsi dall'obiettivo fissato in partenza, si è capito che diventava necessario ampliare gli argomenti che riguardano il vasto campo della neuropsicologia senza però precludersi la possibilità di inserire pubblicazioni riguardanti altri ambiti riabilitativi non necessariamente connessi all'area neuropsicologica.

I volumi vengono indirizzati sempre agli operatori, che a qualunque titolo operano nella riabilitazione, ma è necessario soddisfare anche le esigenze di chi è ancora in fase di formazione all'interno dei corsi di laurea specifici del campo sanitario-riabilitativo.

Per questo motivo si è deciso di non escludere dalla collana quelle opere il cui contenuto contribuisca comunque alla formazione più ampia e completa del riabilitatore, anche sotto il profilo eminentemente teorico.

Ciò che continuerà a ispirare la scelta dei contenuti di questa collana sarà sempre il voler dare un contributo alla realizzazione del programma riabilitativo più idoneo che consenta il massimo recupero funzionale della persona presa in carico.

Roma, aprile 2004

C. Caltagirone
C. Razzano
Fondazione Santa Lucia
Istituto di Ricovero e Cura a Carattere Scientifico

Prefazione al volume

> *Se uno intende sapere che cosa è*
> *una determinata scienza,*
> *non ha che da studiarsela*
> (R.M. MacIver)

La sociologia come scienza moderna nasce alla fine del Settecento con l'Illuminismo, allo scopo di spiegare i profondi mutamenti prodotti nella società dalle grandi rivoluzioni dell'epoca, quella francese e quella industriale. Si afferma velocemente nei paesi anglosassoni e in altri paesi quali la Francia e la Germania.

Fatica, invece, a trovare una propria identità in Italia: la prima Facoltà di Sociologia è stata istituita a Trento solo nel 1962 ma il suo riconoscimento è stato a lungo contrastato e solo nel 1966, dopo lunghe battaglie parlamentari e proteste studentesche, l'Istituto Superiore di Scienze Sociali ha potuto rilasciare lauree in Sociologia ufficialmente riconosciute.

Oggi la sociologia è in Italia una scienza sufficientemente diffusa, conosciuta e apprezzata: sono molte le Facoltà di Sociologia e diverse migliaia gli studenti che ogni anno si iscrivono al corso di laurea. Non solo: la sociologia, come materia, è ormai inserita in molteplici altri corsi di laurea e in alcuni percorsi della scuola secondaria. I giornali, poi, pubblicano sempre più spesso i risultati di ricerche sociologiche e nei dibattiti televisivi vengono invitati sociologi accanto a uomini politici, artisti e scienziati. Da alcuni anni, nelle pubbliche amministrazioni vengono banditi concorsi per sociologi anche se poi non sempre viene valorizzata in modo appropriato questa competenza.

I tempi sono maturi perché i più giovani, tra le professioni che sognano di poter intraprendere "da grandi", accanto a quella del medico, del calciatore, dell'ingegnere, dell'attore, dell'avvocato, del ballerino, del cantante e dell'astronauta, inseriscano anche quella del sociologo.

Coloro che intraprendono gli studi di sociologia possono ormai disporre di una quantità notevole di trattati, manuali e testi specialistici, sulla sociologia generale, sulla storia della sociologia, sulla metodologia e tecnica della ricerca sociale, sulla sociologia del lavoro e delle organizzazioni e così via. Molto meno ricca è invece la scelta per i tanti giovani che incontrano la sociologia come materia in percorsi di studio diversi, magari solo per 20 o 30 ore.

Non è facile trattare in 10 capitoli (che abbiamo pensato come 10 lezioni) una materia così ricca e complessa; allo stesso modo non è semplice raccogliere in un testo sufficientemente agevole tutti i concetti importanti della disciplina.

Questo volume vuole essere un tentativo in questa direzione e si basa da una parte sull'esperienza maturata negli ultimi anni in occasione dello svolgimento di lezioni di sociologia in corsi di laurea brevi, come quello in Logopedia, presso l'Università Tor Vergata di Roma, dall'altra sull'esperienza e l'entusiasmo di chi ha completato da poco gli studi universitari in sociologia.

Roma, luglio 2010
                                                                   Felice Paolo Arcuri
                                                                           Francesca Arcuri

Indice

Capitolo 1
Campo di indagine e concetti generali 1
Campo d'indagine 1
Gli schemi concettuali di riferimento 2
I concetti generali 3
    Socializzazione 3
    Devianza 4
    Interazione sociale 6
    Gruppo 7
    Cultura 8
La sociologia e le altre scienze sociali 11

Capitolo 2
Storia del pensiero sociologico 13
Origini della sociologia 13
Auguste Comte 14
Karl Marx 15
Vilfredo Pareto 17
Emile Durkheim 18
Wilhelm Dilthey 19
Georg Simmel 20
Ferdinand Tonnies 21
Max Weber 22
Ludwig Wittgenstein 24
John Dewey 25
George Herbert Mead 26
Talcott Parsons 27
Robert K. Merton 27
Paul F. Lazarsfeld 28
Charles Wright Mills 30
La Scuola di Francoforte 31

Claude Lévi-Strauss 33
Erving Goffman 34
Thomas Samuel Kuhn 35
Alain Touraine 36
Franco Ferrarotti 37
Domenico De Masi 39

Capitolo 3
La società 41
La terza ondata dello sviluppo sociale 41
Il ruolo della tecnologia 44

Capitolo 4
Società e comunicazione 49
Il villaggio globale 49
Pragmatica della comunicazione umana 51
Il processo di comunicazione 54
Gli stili di comunicazione 57

Capitolo 5
L'organizzazione 59
La scuola classica 60
La scuola sociale 62
La scuola sistemica 62
I modelli organizzativi 64
    Struttura funzionale 65
    Organizzazione divisionale 66
    Organizzazione per progetto 66
    Organizzazione a matrice 67
    Organizzazione a rete 68
    Il cambiamento organizzativo 69

Capitolo 6
I gruppi 71
Tipologie di gruppi 71
Il piccolo gruppo 73
Gruppo di lavoro e lavoro di gruppo 75
Stili di leadership 77
Creatività di gruppo e gruppi creativi 80

Capitolo 7
Il metodo sociologico 87
Oggetto della ricerca 88

Scouting e articolazione del progetto ... 89
Modello della ricerca ... 90
Ipotesi e variabili ... 91
Il campione ... 94
La raccolta dei dati ... 98
L'elaborazione e l'analisi dei dati ... 99
Il rapporto conclusivo ... 99
Utilizzazione della ricerca ... 100

Capitolo 8
Gli strumenti di ricerca ... 103
L'analisi documentale ... 103
L'osservazione ... 104
L'intervista e il questionario ... 105
Le storie di vita ... 108
Il metodo dei casi ... 110

Capitolo 9
Le ricerche ... 111
Durkheim e il suicidio anomico ... 111
Benfield e il familismo amorale ... 113
Elton Mayo e gli esperimenti di Hawthorne ... 113
Le ricerche ISVET sui lavoratori manifatturieri in Italia ... 117

Capitolo 10
Il ruolo del sociologo ed etica della professione ... 121
Il sociologo come agente di cambiamento ... 121
Il rapporto con il committente ... 121
Codice Deontologico ... 123

Bibliografia ... 127

Note sugli Autori

Felice Paolo Arcuri

Partner e Direttore generale di S3 Opus, insegna Sociologia presso l'Università Tor Vergata di Roma. Ha lavorato per molti anni come formatore nella pubblica amministrazione, collaborando tra l'altro con Istituto Superiore delle Poste e Telecomunicazioni, Ministero del Lavoro, Scuola Superiore della P.A. È Past President di AIF Lazio (Associazione Italiana Formatori). Si occupa in particolare di cambiamento organizzativo, strategie formative, project management, qualità del servizio. Ha pubblicato numerosi saggi e volumi, tra cui *Come gestire le risorse umane, Il lavoro di gruppo* (con F. Giorgilli), *L'organizzazione sanitaria tra complessità e creatività, Pubblica amministrazione e cambiamento organizzativo. La danza degli elefanti* (con Cinzia Ciacia e Michele La Rosa).

Francesca Arcuri

Sociologa, è esperta in Metodologie didattiche e nella progettazione, organizzazione e gestione di eventi formativi. Coordina le attività di formazione di S3 Opus. È cultore della materia presso l'Università Tor Vergata di Roma.

Capitolo 1
Campo di indagine e concetti generali

Obiettivo di questa prima lezione è quello di definire i confini della sociologia, ovvero il campo d'indagine e i concetti generali di riferimento.

Campo d'indagine

In termini molto generali, la sociologia può essere definita come lo studio scientifico della società e dei rapporti sociali[1]. Il nome, coniato da Auguste Comte nel 1824 combinando un termine greco e uno latino, significa per l'appunto "scienza della società". Essa studia le manifestazioni ricorrenti della vita associata e le loro trasformazioni, cercando di individuare leggi generali collegate tra loro in teorie capaci di fornire una qualche spiegazione di tali fatti.

La sociologia nasce per descrivere, analizzare e valutare gli effetti sociali della modernità, ovvero le conseguenze delle due grandi rivoluzioni del XVIII secolo, quella francese e quella industriale e affonda le proprie radici nell'Illuminismo: nasce, infatti, in un contesto culturale nel quale "al criterio della tradizione si sostituisce il criterio della razionalità. Con la caduta della tradizione come fonte della legittimità delle istituzioni e delle decisioni si afferma l'idea del progresso come impresa umana, come frutto e coronamento dell'indagine razionale. L'idea di progresso come impresa umana, essenzialmente legata alla capacità di azione e di previsione razionali di ogni essere umano, è certamente una componente fondamentale della matrice storica della sociologia come scienza"[2].

Nell'ambito di questa cornice si sviluppano approcci diversi che portano a vedere la sociologia a seconda dei casi come scienza neutrale e "avalutativa" che mira alla conoscenza e alla comprensione interpretativa dell'azione sociale (Max Weber)[3] o come vero e proprio strumento d'azione sociale finalizzato al cambiamento della società, in senso rivoluzionario (Karl Marx) o riformista, contro l'ideologia rivoluzionaria e contro l'ideologia reazionaria (Auguste Comte)[4].

---

[1] Smelser NJ (1984) Manuale di sociologia. Il Mulino, Bologna, p 18.
[2] Ferrarotti F (1972) Trattato di sociologia. UTET, Torino, pp 8-9.
[3] In realtà, assai spesso le indagini conoscitive sono state meno neutre ed avalutative di quanto non dichiarassero. Cfr. in proposito Baritz L (1963) I servi del potere. Bompiani, Milano.
[4] Vedi più avanti Capitolo 2: Storia del pensiero sociologico.

Gli schemi concettuali di riferimento

I fatti sociologici hanno a che fare con i rapporti sociali e con la società: viviamo in una famiglia, abbiamo amicizie, frequentiamo una scuola, apparteniamo a gruppi, abbiamo una posizione sociale e una occupazione. Gli stessi fatti possono essere studiati, oltre che dalla sociologia, da altre prospettive, quali quelle psicologica, antropologica, economica. Possiamo quindi dire che la sociologia non si occupa di uno speciale insieme di fatti che si riferiscono al comportamento umano, ma si occupa del comportamento interpretandolo all'interno di un particolare schema concettuale. Gli schemi concettuali utilizzati dai sociologi possono ricondursi ai cinque seguenti[5]:

- *Schema demografico o ecologico*, attraverso il quale si studiano i fenomeni demografici e migratori, interpretandoli alla luce dei fattori culturali e sociali. Questo schema concettuale è applicato in particolare allo studio della crescita della popolazione nei paesi del Terzo Mondo.
- *Schema psicologico*, cerca di spiegare il comportamento umano in termini di motivi, pensieri, capacità, atteggiamenti sociali e senso di identità delle persone. Gli psicologi sociali conducono ricerche su un gran numero di argomenti: come interagiscono le persone in piccoli gruppi, come si formano gli atteggiamenti e le opinioni, come si traducono in comportamenti collettivi quali le manifestazioni di piazza o gli episodi di panico collettivo.
- *Schema centrato sul collettivo*, attraverso il quale vengono studiati gruppi primari come le famiglie, organizzazioni formali come l'esercito o un'azienda, o la società nel suo complesso. Questo schema è utile per stabilire il grado in cui i membri di una medesima classe o razza, età o sesso, formino gruppi per promuovere i loro interessi. Anche lo studio della devianza e del controllo sociale, del comportamento collettivo e dei movimenti sociali fanno uso di questo schema.
- *Schema centrato sulle relazioni strutturali* che studiano le relazioni tra persone, alla luce dei ruoli sociali (uomo politico, elettore, manager, operaio, consumatore, ecc.): all'interno dei gruppi sociali (famiglia, scuola, ufficio, ecc.), infatti, il comportamento delle persone è strutturato da complesse reti di ruoli.
- *Schema culturale*, studia le regole di comportamento e le norme che stabiliscono il modo in cui le persone e i gruppi si comportano tra loro. Esempi sono il sistema di leggi, il sistema di valori, le ideologie politiche, le religioni.

L'obiettivo principale dei sociologi è trovare regolarità e variazioni nei fatti messi in luce da questi schemi concettuali e proporre le migliori spiegazioni possibili di questi modelli e delle loro variazioni.

---

[5] Smelser NJ, *op. cit.*

I concetti generali

I sociologi hanno sviluppato alcuni concetti chiave che in qualche modo caratterizzano la disciplina, formandone una sorta di struttura portante. I principali sono i concetti di socializzazione, devianza, interazione sociale e gruppo.

Socializzazione

Gli esseri umani vivono in una famiglia, hanno amicizie, frequentano una scuola, svolgono un lavoro: hanno cioè molteplici rapporti sociali, in ognuno dei quali rivestono una determinata posizione: genitore/figlio, insegnante/studente, imprenditore/dipendente, e così via. L'insieme dei comportamenti attesi e richiesti a un individuo per il fatto che egli occupa una determinata posizione nella società rappresenta il ruolo sociale. La socializzazione è il processo attraverso cui apprendiamo le abitudini e gli atteggiamenti legati al nostro ruolo sociale o, meglio, ai nostri ruoli sociali, visto che ogni persona riveste contemporaneamente più posizioni. La socializzazione, quindi, rende possibile l'interazione tra i membri della società e consente loro di sostenere i vari ruoli sociali.

Essa costituisce anche il mezzo con cui un gruppo viene preservato nel tempo, visto che le idee, i modelli e i valori di comportamento che rendono unita la società hanno una durata superiore alla vita dei membri. In questo senso la socializzazione assicura la sopravvivenza della società nel suo complesso, attraverso il continuo rifornimento di nuovi membri in grado di adottarne e trasmetterne i modi di vita.

La socializzazione è un processo eminentemente culturale; gli esseri umani, infatti, sono sprovvisti di un corredo biologico di sistemi di comportamento[6]. Essi pertanto devono continuamente apprendere sequenze di comportamento, come riparasi, vestirsi, mangiare. I tempi necessari per l'apprendimento delle capacità necessarie alla sopravvivenza negli esseri umani è più lungo che negli altri animali: un bambino necessita di quasi due anni per diventare autosufficiente. Questo fatto, pur ponendo il bambino in posizione di stretta dipendenza dall'adulto, gli offre la possibilità di assorbire modelli di comportamento e abilità più complesse di quelli che ereditano gli animali.

Tramite la socializzazione, gli individui apprendono norme culturali – cioè modelli e aspettative – che regolano l'interazione con gli altri. Tali norme riflettono valori e cioè le credenze sulle mete alle quali i membri di una società devono tendere. In ogni società vi sono concetti che designano le caratteristiche della persona ideale e che vengono trasmessi dai genitori ai figli e attraverso il sistema scolastico. Alcune norme vengono tradotte in leggi, come ad esempio le leggi che regolano l'incesto e l'omicidio. Il sistema di valori di riferimento può essere diverso da società a società (la società capi-

---

[6] Negli esseri umani il comportamento ereditario è limitato ai soli riflessi scatenati da opportuni stimoli, come il succhiare il capezzolo nei bambini.

talista e quella comunista, come quelle occidentali e quelle orientali, si fondano su valori profondamente diversi tra loro) e possono variare nel tempo (il concetto di morale di oggi è profondamente diverso da quello diffuso nel medioevo).

Anche all'interno della stessa società, accanto ai modelli dominanti, possono convivere valori profondamente diversi e, a volte, antagonisti, le cosiddette subculture (rivoluzionari, ambientalisti, hippy, punk, ecc.). Inoltre, i modelli culturali proposti da ciascuna cultura possono essere in contrapposizione l'uno con l'altro. Nella cultura occidentale, la donna ideale è, ad esempio, da una parte emancipata e intraprendente, dall'altra "angelo del focolare" e madre di famiglia. I valori relativi al primo modello saranno quindi quelli della bellezza, del fascino e della seduzione; quelli del secondo si rifanno invece alla modestia e al senso pratico.

Perché la socializzazione possa riuscire c'è bisogno di tre fattori: aspettative, cambiamento nel comportamento e desiderio di adeguarsi a un ruolo. I meccanismi di motivazione positiva e cioè i meccanismi che incoraggiano determinati comportamenti, sono stati individuati nell'imitazione (tentativo consapevole di copiare il comportamento di un modello) e nell'identificazione (assorbimento di aspetti della personalità di altri, in particolare dei genitori). Tra i meccanismi di socializzazione negativi, e cioè i meccanismi che tendono a scoraggiare certi comportamenti, vi sono quelli della vergogna e della colpa. Mentre la vergogna nasce dalla paura che altri possano scoprire un proprio insuccesso, la colpa nasce dal senso di aver compiuto un'azione sbagliata che può danneggiare altre persone.

Il prodotto più rilevante della socializzazione è la personalità. Gli individui, interagendo con parenti, amici, insegnanti e così via, sviluppano propri modelli di pensiero, comportamento e sensibilità che, nel loro complesso, costituiscono una personalità. La personalità di ogni individuo, quindi, si forma a seguito e per mezzo delle interazioni con gli altri che, a loro volta, sono influenzate da vari fattori quali l'età, il sesso, la cultura, le esperienze personali. La socializzazione primaria, acquisita nei primi anni di vita, è fondamentale per la formazione della personalità. I tratti acquisiti nei primi anni di vita non sono però immutabili nel tempo: in ogni fase dell'infanzia, dell'adolescenza e della vita adulta vi sono opportunità di apprendimento di ruoli, valori e conoscenze nuove e, quindi, di risocializzazione. Questa può in qualche misura porre rimedio ai danni provocati da una precedente socializzazione inadeguata, oppure può aiutare gli individui ad adattarsi alle nuove esigenze educative, lavorative ed emotive di una società in rapida trasformazione come la nostra.

Devianza

La devianza è il risultato dello scostamento di un individuo dalle aspettative e dalle norme proprie di un gruppo. Tale scostamento, oltre a provocare discredito per l'individuo che lo compie, suscita reazioni atte a isolare, curare, correggere o punire il trasgressore. Nella pratica però non sempre è facile definire e individuare in maniera precisa il comportamento deviante e questa difficoltà deriva dall'ambiguità delle aspettative. Queste infatti non sono costanti nel tempo e inoltre possono non essere condivise da tutti i membri di una stessa società. Per tale motivo, in una società pluralistica come quella in cui viviamo, ciò che costituisce una devianza per un individuo, potrebbe essere una norma per un altro.

Nel corso degli anni l'attenzione degli studiosi per spiegare il fenomeno della devianza si è progressivamente spostata dai tratti della persona deviante ai fattori sociali e culturali che possono produrre il comportamento deviante.

Tra le spiegazioni biologiche è rimasta famosa quella del medico italiano Cesare Lombroso che, agli inizi del ventesimo secolo, mise in rapporto il comportamento criminale con determinati tratti fisici della persona. Il tipo criminale era, secondo Lombroso, un individuo regredito anche biologicamente, sino alle prime fasi dell'evoluzione umana: era caratterizzato pertanto da una mascella inferiore prognata, barba rada e bassa sensibilità al dolore. Le teorie biologiche di questo tipo hanno avuto popolarità fino all'inizio degli anni Venti, quando successive ricerche hanno dimostrato che i fattori biologici, nella maggior parte dei casi, possono produrre la devianza solo indirettamente, attraverso la combinazione con altri fattori sociali o psicologici.

Anche le prime spiegazioni psicologiche che esaminano il comportamento criminale si rifecero a condizioni generali quali la psicopatia o i difetti mentali, affermando che i criminali non possedevano le inibizioni per poter frenare i propri impulsi aggressivi. Successive ricerche hanno dimostrato che non è possibile spiegare la devianza sulla base dei soli fattori psicologici poiché questi si combinano con altri fattori, specialmente di natura sociale.

Le spiegazioni sociologiche, invece di mettere in evidenza le caratteristiche personali del deviante, considerano i fattori culturali e sociali per via dei quali un individuo viene etichettato come deviante. La più classica spiegazione sociologica della devianza è la teoria dell'anomia di Emile Durkheim[7], attraverso la quale è stata dimostrata una forte correlazione tra un tipo di suicidio (considerato come forma di devianza) e una situazione di anomia, intesa come situazione senza norme che garantiscano la coesione della società. Tale situazione si verifica nei momenti di cambiamento sociale, quando le regole della vecchia società perdono valore ma le nuove regole non sono ancora definite e gli individui si trovano perciò impossibilitati a confrontare la propria esperienza con le norme di riferimento.

Le spiegazioni culturali concentrano la loro attenzione sul sistema di valori culturali che agisce nel deviante e sulle possibilità che una persona ha di divenire deviante. Per Sellin, la devianza ha origine da conflitti tra norme culturali diverse tra loro. Tale conflittualità sarebbe dovuta al fatto che il gruppo che esprime un proprio sistema di valori (subcultura) non è interessato a conformarsi alle norme della maggioranza.

La *Labeling theory* (teoria dell'etichettatura) è un approccio recente alla devianza che rifiuta tutte le spiegazioni psicologiche e sociologiche poiché queste ignorano la

---

[7] Durkheim E (1977) La divisione del lavoro sociale. Comunità, Milano. Cfr. Capitolo 2, Par. Emile Durkheim.

dimensione politica del fenomeno. Tale approccio spiega il comportamento deviante sulla base delle capacità dei gruppi più potenti di apporre l'etichetta di deviante a membri di gruppi più deboli: "*i gruppi sociali creano la devianza istituendo le regole la cui infrazione costituisce devianza, applicando queste regole a particolari individui ed etichettandoli come outsider. Da questo punto di vista la devianza non è una qualità dell'atto che una persona commette, ma è piuttosto la conseguenza dell'applicazione da parte degli altri di regole e sanzioni nei confronti dei trasgressori*"[8].

Le più recenti teorie e specialmente la nuova criminologia si occupano prevalentemente della natura della società e della sua parte di responsabilità nel creare ed etichettare la devianza. Tali teorie affermano in maniera implicita ma chiara che è la società a dover essere riformata, non l'individuo.

Interazione sociale

L'interazione sociale è il processo mediante cui gli individui agiscono e reagiscono agli altri e, in questo senso, costituisce l'oggetto dell'analisi sociologica a livello micro, che si occupa delle più piccole unità di comportamento in cui sia possibile rintracciare modelli. Mentre a livello macro i sociologi si occupano delle grandi strutture della società (istituzioni, leggi, organizzazioni di grandi dimensioni e modelli culturali), a livello micro studiano le modalità con cui l'individuo (o gruppi di individui) interagisce con un altro (o con altri gruppi), occupandosi così del processo attraverso cui la struttura sociale è costruita e mantenuta.

L'interazione sociale è un fenomeno altamente complesso e numerose sono le teorie che tentano di spiegarlo.

George Homans[9], ad esempio, vede l'interazione come una fitta rete di scambi, interpretati in termini di costi e ricavi, dove il comportamento di una persona sarebbe influenzato dal sistema di ricompense, secondo i seguenti quattro principi.

Quanto più spesso un comportamento è ricompensato, tanto più è probabile che venga ripetuto.

Se nel passato un certo stimolo è stato collegato con un comportamento ricompensato, è probabile che venga ripetuto quel comportamento o uno analogo, soprattutto se in presenza di stimoli analoghi a quelli del passato.

Quanto più è preziosa la ricompensa per un dato comportamento, tanto più è probabile che questo venga ripetuto. Quanto più spesso si è ricevuta una certa ricompensa nel passato recente, tanto meno si dà valore a ogni ulteriore ricompensa.

Recenti ricerche hanno però posto in luce il fatto che gli esseri umani, contrariamente agli animali, non reagiscono in maniera automatica a premi e punizioni, ma mettono in atto comportamenti finalizzati a trarre da ogni particolare situazione maggiori vantaggi e ricompense possibili.

---

[8] Becker HS (1987) Outsiders. Saggi di sociologia della devianza. EGA, Torino.
[9] Homans G (1989) La natura delle scienze sociali. Angeli, Milano.

Un contributo fondamentale per gli studi sull'interazione sociale è fornito dallo psicologo sociale americano George Herbert Mead[10], secondo cui tutte le azioni umane, in quanto comportamenti sociali, sono basate necessariamente sulla comunicazione: gli individui non si limiterebbero a reagire alle azioni degli altri, ma reagiscono anche alle loro intenzioni, interpretando lo stimolo in questione. Per fare questo è necessario che l'individuo assuma il ruolo dell'altro, operazione apparentemente difficile ma alla quale siamo abituati sin dall'infanzia e che ricorre in quasi tutte le nostre interazioni. Quando attribuiamo un significato a un oggetto, questo diviene simbolo e cioè un'idea che sta al posto ed esprime il significato di un'altra idea, atto od oggetto.

L'opera di Mead ha avuto notevole influenza sulla scienze sociali e ha posto le basi della scuola di pensiero denominata *Interazionismo simbolico*, in cui i simboli sono definiti come stimoli a cui diamo una risposta in anticipo e, poiché apprendiamo i significati dei simboli tramite l'interazione sociale, i loro significati sono comprensibili da tutti. L'*etnometodologia*, corrente di pensiero molto vicina all'interazionismo simbolico, studia le regole di base che disciplinano i rapporti quotidiani tra gli individui.

Tanto l'interazionismo simbolico quanto l'etnometodologia trovano un loro superamento nell'*approccio teatrale* di Erving Goffman[11]. Tale approccio sottolinea la capacità degli individui di plasmare le situazioni in modo da trasmettere agli altri significati simbolici per loro favorevoli. Goffman afferma dunque che tutti noi siamo attori e che i nostri comportamenti, il nostro modo di vestire e di interagire con gli altri, dipendono dall'impressione che a questi vogliamo dare, da ciò che vogliamo far loro credere di essere. Alcune persone sono però svantaggiate in tale manipolazione delle impressioni: i portatori di stigma (coloro che si differenziano per colore della pelle, deformità, omosessualità e bruttezza), ad esempio, vengono generalmente isolati dalla gente. Queste persone potranno quindi decidere di adottare strategie diverse come nascondere il proprio stigma, rifugiarsi nel gruppo di persone a esse vicine, fuggire via o ancora affrontare apertamente gli atteggiamenti discriminatori della società.

Gruppo

La maggior parte degli esseri viventi vive in gruppo e ciò è dovuto principalmente al fatto che i membri del gruppo possono sfruttare l'ambiente in maniera più efficace di quanto non possa fare un individuo da solo. Per gli esseri umani, l'appartenenza a un gruppo riveste un'importanza vitale; basti pensare che un bambino dipende dalle persone adulte per almeno due anni dalla sua nascita. Come abbiamo già visto, durante questo lasso di tempo il bambino apprende molte abilità, atteggiamenti,

---

[10] Mead GH (1986) La filosofia del presente. Guida, Napoli. Cfr. Capitolo 2, Par. Ludwig Wittgenstein.
[11] Goffman E (1969) La vita quotidiana come rappresentazione. Il Mulino, Bologna. Cfr. Capitolo 2, Par. Erving Goffman.

comportamenti necessari per vivere in gruppo. La socializzazione è dunque lo strumento tramite il quale gli individui imparano a vivere in gruppo e consente al gruppo stesso di perdurare anche oltre la vita dell'individuo.

La definizione del concetto di gruppo non è però semplice come sembra in apparenza. Secondo la nota definizione di Merton, un gruppo è un insieme di persone che interagiscono tra loro in un modo strutturato da modelli, che sentono di appartenere al gruppo, e che sono considerati dagli altri come membri di tale gruppo[12]. Sulla base di tale definizione è possibile isolare le tre caratteristiche di base del gruppo:

- *L'interazione strutturata da modelli*: il comportamento dei membri di un gruppo è condizionato dalle norme di comportamento di tale gruppo, oltre che dalla rete di ruoli in esso presente, che costituiscono la struttura sociale del gruppo stesso.
- *Il senso di appartenenza*: i membri del gruppo sviluppano la consapevolezza di formare un "noi" contrapposto a "loro" che non fanno parte del gruppo.
- *Il fatto che gli altri percepiscano i membri del gruppo come tali*: il gruppo acquisisce in tal modo un'identità agli occhi dei non appartenenti ad esso.

È possibile e opportuno operare alcune distinzioni tra i diversi tipi di gruppi in base alla numerosità (piccoli gruppi, grandi gruppi), al tipo di relazioni (gruppi primari e secondari), alla finalità (gruppi strumentali e gruppi espressivi), alla durata nel tempo (gruppi temporanei e durevoli), e a numerose altre variabili. Al gruppo, data la rilevanza che riveste negli studi sociologici, è dedicata la sesta lezione (Capitolo 6) di questo breve percorso disciplinare. Qui basta ricordare che le interazioni sociali come il processo di socializzazione avvengono all'interno di gruppi e che tutti gli schemi concettuali utilizzati dai sociologi per studiare il comportamento umano (psicologico, relazionale, culturale, ecc.) sono centrati su un qualche tipo di gruppo di persone.

Cultura

La cultura è l'elemento distintivo del genere umano: possiamo affermare che non c'è cultura senza le persone che la producono, né possono esistere persone senza cultura.

Con il termine cultura intendiamo il complesso dei modi di pensare, sentire e agire proprio degli uomini: l'individuo ne partecipa in quanto membro di un gruppo ed è sollecitato a interiorizzarli e assumerli come orientamento del proprio agire e delle proprie valutazioni della realtà. In altre parole, la cultura può essere definita come l'insieme dialettico dei patrimoni psichici ed esperienziali individuali costituitosi in condizione di integrazione sociale nel quadro di una società storicamente determinata. In questo quadro le componenti della cultura (ideologie, fantasie, simboli, ecc.) interagiscono direttamente e indirettamente tra loro e con la società[13].

---

[12] Merton R (1970) Teoria e struttura sociale. Il Mulino, Bologna.
[13] Questa definizione del termine cultura è stata formulata in occasione del Convegno di Scienze Sociali tenutosi a Roma nel 1958.

Il processo di acquisizione della cultura del proprio gruppo di appartenenza è noto come *inculturalizzazione* o anche come *socializzazione*. Tale processo si sviluppa durante tutto il corso della vita di un individuo ma ha la sua fase più importante nei primi anni di vita, durante i quali la personalità di base viene strutturata e i valori fondamentali vengono acquisiti.

La cultura riesce a dare una struttura alla vita umana, adempiendo la funzione che il comportamento trasmesso geneticamente adempie tra gli animali. La capacità della cultura di plasmare il comportamento umano è però limitata da una serie di elementi, quali quelli di tipo biologico (ad esempio l'uomo non può imparare a volare), i limiti alla capacità di apprendimento e memorizzazione delle informazioni, i limiti imposti dall'ambiente fisico e dalla storicità dei modelli culturali (i costumi tradizionali, infatti, ostacolano l'introduzione di nuovi valori e modi di vita).

Un altro aspetto importante della cultura è costituito dalla sua capacità di selezionare ed evidenziare solo determinati aspetti del comportamento e dell'esperienza. Ogni cultura quindi ignora determinati aspetti e ne sottolinea degli altri, ignorati invece in altre culture. Le differenze tra le varie culture possono così essere infinite mentre molto limitati sono i tratti che tutte le diverse culture hanno in comune (*universali culturali*), tra cui lo sport, l'istruzione e i riti funebri, che però assumono forme diverse da una cultura all'altra. Tali variazioni sono dovute in larga misura all'influenza dell'ambiente e, secondariamente, all'influenza della storia propria di ogni tratto culturale. L'esistenza degli universali culturali viene spiegata da numerosi antropologi come derivante da fatti biologici comuni a tutti gli esseri umani. A tale tesi aderiscono due studiosi, Murdock e Kluckhohn[14], per i quali le culture debbono soddisfare determinati bisogni fisiologici, sociali e psicologici propri di tutti gli uomini, anche se possono sussistere delle variazioni nei loro particolari.

La tendenza a giudicare le altre culture nei termini della propria, è denominata *etnocentrismo*: tale pregiudizio è evidente nella tendenza di noi occidentali a giudicare la nostra cultura come *la cultura*. L'etnocentrismo caratterizza le opere dei primi antropologi, che tendevano a paragonare tutte le culture con la loro, ritenendola la più progredita. Il sociologo americano Graham Sumner[15] si oppose fortemente a tale tendenza sostenendo che ogni cultura può essere compresa solamente facendo riferimento al complesso di valori su cui si basa nonché al contesto entro il quale si sviluppa. Successivamente l'antropologa americana Ruth Benedict[16] integrò tale concezione con l'affermazione in base alla quale la cultura non va solamente capita nel suo contesto ma va anche capita come un tutto: nessun suo elemento singolo può essere compreso a fondo se separato dal resto.

---

[14] Rossi P (a cura di) (1970) Il concetto di cultura: i fondamenti teorici della scienza antropologica. Einaudi, Torino.
[15] Sumner G (1906) Folkways. Study of mores, manners, customs and morals. Dover Publications, Mineola.
[16] Benedict R (1960) Modelli di cultura. Feltrinelli, Milano.

La cultura, attraverso cui gli individui formulano le proprie scelte e orientano i propri comportamenti, coincide con la loro *identità culturale*, e cioè con l'apparato simbolico, normativo e strumentale attraverso cui l'individuo si colloca in un determinato contesto culturale caratterizzato nel tempo e nello spazio. I membri del medesimo gruppo culturale si comprendono e si apprezzano a vicenda, molto di più di quanto non facciano con i membri di altri gruppi. La cultura però, oltre a generare solidarietà, contribuisce alla formazione di conflitti sia entro uno stesso gruppo, che tra gruppi diversi. Un esempio di tale conflittualità è dato dal linguaggio: se da un lato un linguaggio comune consente la coesione tra i membri del gruppo, dall'altro tende a escludere chi non lo parla.

Talcott Parsons[17] ha identificato quattro elementi della cultura:
- *Conoscenza empirica:* informazioni riguardanti il mondo e il suo funzionamento. Le fonti di tale conoscenza sono la scienza, la saggezza popolare e il buonsenso.
- *Conoscenza esistenziale:* significati assegnati a cose che non si possono percepire tramite i sensi e a questioni la cui veridicità non può essere dimostrata.
- *Valori:* idee condivise circa gli obiettivi verso cui gli individui devono tendere. Costituiscono il nucleo delle dottrine morali.
- *Simbolizzazione espressiva:* comprende l'arte, la letteratura, il teatro, la musica e ogni altra forma di espressione creativa.

Gli elementi della cultura sono tra loro interdipendenti: un esempio è dato dalla trasmissione delle conoscenze empiriche ed esistenziali che avviene sostanzialmente attraverso simboli.

Partendo dalla descrizione degli elementi costitutivi della cultura di Parsons, è possibile individuare nell'ideologia l'anello di congiunzione tra il mondo empirico e il mondo dei valori. L'ideologia può pertanto essere definita come un insieme di teorie, concetti e obiettivi che collegano le definizioni della realtà alle definizioni del desiderabile.

In ogni società sono presenti delle subculture (o *sottoculture*), ovvero insiemi di norme e valori che differenziano un gruppo dal resto della società. Vari elementi come la religione, l'appartenenza etnica o la classe sociale possono combinarsi tra loro in modo da creare una subcultura, i cui valori saranno poi interiorizzati dai suoi membri. Il termine subcultura non implica di per sé alcuna conflittualità con la cultura dominante, anche se i membri di una subcultura sono spesso oggetto di disprezzo ed emarginazione. Vi sono infatti all'interno di una società subculture apprezzate e rispettate, come quelle dei medici e dei militari.

Le *controculture* sono invece l'insieme delle norme e dei valori sviluppati da un gruppo proprio per opporsi alla cultura dominante. Un esempio di controcultura è quello della *cultura bohèmienne*, basata sulla credenza del valore dell'isolamento e della non contaminazione. I valori della controcultura spesso vengono progressivamente assorbiti dalla cultura dominante; è questo il caso dei capelli lunghi, del consumo di droga e dell'abbigliamento stravagante, inizialmente tipici degli *hippies* e successivamente adottati in vari settori delle società occidentali.

---

[17] Parsons T (1971) Sistemi di società. Il Mulino, Bologna.

La sociologia e le altre scienze sociali

Le scienze sociali – sociologia, psicologia, economia, scienza politica, storia, antropologia – si occupano tutte di comportamento umano, condividono in buona misura orientamenti e metodi di base, i loro oggetti di studio tendono spesso a sovrapporsi. Accanto a queste affinità, esistono differenze significative relative all'oggetto, ai modelli concettuali di riferimento, ai metodi utilizzati.

La *psicologia* si occupa specificamente dell'individuo; gli psicologi studiano fenomeni come la memoria, l'intelligenza, l'affettività, la creatività. La psicologia sociale esplora i rapporti tra individuo, gruppi, organizzazioni e forze sociali.

L'*economia* studia fenomeni quali la produzione, la distribuzione delle risorse e dei consumi. I fattori economici interessano i sociologi quando influiscono sul comportamento sociale o ne vengono influenzati.

La *scienza politica* studia un singolo aspetto della vita sociale, ovvero i modi in cui le persone e i governi ottengono e fanno uso del potere e il modo in cui il potere è distribuito all'interno di una società. La sociologia politica indaga su problemi quali: il motivo per cui la gente vota per un determinato partito, gli effetti di un tipo di governo sulla società.

La *storia* si occupa degli stessi fatti della sociologia e, come questa, utilizza un'ampia gamma di eventi economici, politici e psicologici per spiegare l'avvenimento dei fatti sociali. La storia però si occupa soprattutto del passato mentre la sociologia si occupa prevalentemente delle società attuali.

L'*antropologia* studia la cultura delle società. Si è concentrata in genere su piccole società, non occidentali, preletterate, mentre i sociologi si sono occupati prevalentemente delle grandi e moderne società europee e nordamericane. Questa distinzione si sta però riducendo, via via che le società "primitive" si vanno modernizzando.

I tratti comuni tra le diverse scienze sociali sono numerosi: come la sociologia, tutte queste discipline s'interessano della realtà empirica, ossia dei fatti, e tutte fanno uso di metodi o controlli scientifici nel loro tentativo di spiegare le strutture e i processi propri alle società umane. Un medesimo evento può interessare tutte le scienze sociali, che però vi si accostano da punti di vista diversi: la differenza tra le scienze sociali è costituita soprattutto dal tipo di domande che esse pongono. La sociologia si pone come scienza della società; essa è la sola fra le scienze sociali e umane che studi i rapporti sociali in quanto tali, prescindendo dalla loro natura religiosa, economica, giuridica, e così via.

Nella fase attuale, sempre più spesso gli scienziati sociali tendono a lavorare assieme, in team interdisciplinari: ciò ha favorito lo sviluppo di una visione sistemica della conoscenza. E proprio l'approccio sistemico, nato negli anni Cinquanta ad opera del biologo von Bertalanffy[18] e poi rapidamente diffusosi in tutte le altre discipline,

---

[18] von Bertalanffy L (1977) Teoria generale dei sistemi. Isedi, Milano; von Bertalanffy L (1971) Il sistema uomo. Ili, Milano.

rappresenta il paradigma proprio della società postindustriale, alternativo al paradigma meccanicista diffuso nell'epoca industriale. Nello stesso periodo[19], su iniziativa dello psicologo gallese K.F.H. Murrell, nasce l'ergonomia, scienza moderna caratterizzata dalla forte interdisciplinarietà ed operatività, con l'obiettivo di adattare il lavoro all'uomo, in evidente opposizione al dominante modello taylorista che mirava invece ad adattare l'uomo alla macchina.

L'ergonomia trova la sua peculiarità proprio nella natura multidisciplinare che la caratterizza: essa attinge le sue conoscenze dalle altre discipline che, da prospettive e con finalità diverse, si occupano della relazione tra uomo e organizzazione del lavoro, con particolare riferimento alle discipline politecniche (ingegneria, architettura, industrial design, ecc.), a quelle biomediche (antropometria, fisiologia, igiene, medicina del lavoro, ecc.) e a quelle sociali (psicologia del lavoro, sociologia, scienze della comunicazione, ecc.). Da ognuna di esse ha raccolto, perfezionandole e integrandole, le conoscenze, le metodologie e le tecniche utili al perseguimento del benessere psico-fisico dell'uomo che poi, di volta in volta, seleziona ed utilizza nel mix più appropriato allo specifico problema affrontato.

---

[19] La prima società nazionale di ergonomia (*Ergonomics Research Society*) avvenne nel 1949 in Inghilterra.

Capitolo 2
Storia del pensiero sociologico

Obiettivo della seconda lezione è quello di far conoscere la sociologia attraverso il pensiero e le idee degli studiosi che hanno maggiormente caratterizzato questa scienza sociale, segnandone l'evoluzione. Ovviamente, date le finalità del volume, i temi vengono solo accennati. Per ulteriori utili approfondimenti si rimanda alle indicazioni bibliografiche.

Origini della sociologia

Gli uomini hanno sempre osservato, almeno fin dove abbiamo testimonianze scritte, la comunità umana, i rapporti sociali, la natura della società, ma solo nel secolo XVIII nasce la sociologia moderna, come scienza sociale.

Possiamo considerare l'opera di studiosi quali Platone, Aristotele, Cicerone, Seneca, Sant'Agostino, San Tommaso d'Aquino, Machiavelli, Vico e Montesquieu come la preistoria della moderna sociologia. Il limite della fase preistorica è costituito dalla "confusione tra il sociologico e il sociale, tra principio di preferenza ideologico-personale e accertamento, ossia tra il dato rilevato empiricamente e interpretato alla luce di ipotesi specifiche da verificare o da falsificare e la norma o il valore, additato come desiderabile"[1].

Il punto di rottura tra la vecchia filosofia e la moderna scienza sociale si ha verso la metà del Settecento: prima di allora l'ineguaglianza degli esseri umani era assunta come un dato naturale, invece che come un fatto storico, problematico.

"Platone e Aristotele, Cicerone e Tacito, Agostino e Tommaso e molti altri pensatori e storici si sono occupati di questioni sociali, hanno riflettuto sulle forme possibili e reali della società, hanno tentato di penetrare le leggi dello sviluppo sociale. È altrettanto vero però che per tutti questi pensatori le peculiarità delle strutture sociali non sono state oggetto di un'analisi scientifica. Tutti questi hanno assunto un fatto come "naturale", come "generato da Dio" o anche come "opera del diavolo", un fatto dalla problematica del quale doveva sorgere più tardi la sociologia: il fatto dell'ine-

---

[1] Ferrarotti F (1972) Trattato di sociologia. UTET, Torino, p 4.

guaglianza fra gli uomini. Per Platone gli uni erano nati con l'oro, gli altri con l'argento; per Aristotele gli uni sono per natura padroni e gli altri schiavi; società, buona società significava per entrambi il tentativo di canalizzare e di istituzionalizzare questa differenza generale dalla natura. Il pensiero cristiano dell'uguaglianza di fronte a Dio non impedì ai teologi ed ai politici medioevali di attenersi all'idea che si ritrova sempre in molteplici formulazioni: "*Dio ha creato gli uomini in alto o in basso ed ha ordinato le loro condizioni sociali*"[2].

Solo nella metà del XVIII secolo il dato naturale e divino della ineguaglianza degli uomini viene posto come problema. Nel 1754 Jean Jacques Rousseau individuò l'origine dell'ineguaglianza nell'istituto della proprietà privata, e dunque in un rapporto sociale.

Il problema dell'ineguaglianza, per quanto importante, non esaurisce il fenomeno complesso della nascita della sociologia; esso, come abbiamo già visto, va inserito nel contesto più ampio del cambiamento culturale, della modernità, della rivoluzione francese, della rivoluzione industriale, dell'illuminismo.

Molti sono gli studiosi che hanno contribuito a fondare e a sviluppare la sociologia come scienza. Di seguito vengono riportate sintetiche note su alcuni di coloro che hanno avuto maggior influenza e seguito.

Auguste Comte

Comte (1798 – 1857) è considerato il padre della sociologia moderna, di cui ha coniato il nome in una nuova parola che significa "scienza della società" che va a sostituire la più classica "fisica sociale". Comte ha messo a punto un nuovo modo di analizzare la società, usando un approccio razionale e scientifico, basato sull'osservazione e sulla sperimentazione.

Comte assume il problema dell'ordine sociale nella Francia post rivoluzione come punto di partenza della sua ricerca. Si tratta di un ordine aperto sul progresso, cioè di un ordine dinamico, auto-evolutivo, che garantisce la stabilità, ma non esclude il cambiamento. L'originalità di Comte consiste nella necessità pregiudiziale di una riorganizzazione delle idee in un nuovo sistema generale delle conoscenze umane che prevedeva anzitutto il riesame critico di due concetti politici considerati tradizionalmente antitetici: il concetto di ordine e quello di progresso. Comte sottolinea infatti che, con l'avvento della modernità, ordine e progresso rappresentano due condizioni ugualmente importanti la cui complementarità viene a caratterizzare ormai sia la fondamentale difficoltà che la principale risorsa di ogni vero sistema politico[3].

La crisi sociale è per Comte derivante essenzialmente da una crisi intellettuale. Occorre dunque fissare la legge dell'evoluzione intellettuale dell'umanità, quindi stabilire la classificazione e il modo di integrazione delle scienze, e infine garantire scien-

---
[2] Dahrendorf R (1961) Gesellshaft Freiheit und Soziologischen Zur Analyse der Gegenwart. Piper & Co., München. In: Ferrarotti F (1972), *op. cit.*
[3] Comte A (1967) Corso di filosofia positiva. UTET, Torino.

tificamente la duplice esigenza da cui dipendono la vita e lo sviluppo della società umana, corrispondente all'ordine e al progresso.

Lo sviluppo dell'umanità segue uno sviluppo che Comte rappresenta nella "legge dei tre stadi", in cui si distinguono:
- Lo *stadio teologico o fittizio*, composto a sua volta da tre diverse fasi (feticista, politeistica e monoteistica), che rappresenta il punto di partenza necessario dell'intelligenza umana. In questo stadio, lo spirito umano, dirigendo le sue ricerche essenzialmente verso la natura interiore degli esseri, ovvero verso le conoscenze assolute, rappresenta i fenomeni come prodotti dell'azione diretta e continua di agenti naturali, il cui intervento arbitrario spiega tutte le anomalie presenti nell'universo. Idee sovrannaturali servono a collegare un numero di osservazioni isolate; i fatti osservati sono cioè spiegati sulla base di fatti inventati.
- Lo *stadio metafisico o astratto o intermedio*, che è unicamente destinato a servire da fase di transizione e nel quale si possono notare dei tratti dello stadio precedente ma anche di quello prossimo in cui gli agenti soprannaturali sono sostituiti da forze astratte, vere entità, inerenti ai diversi esseri del mondo e concepiti come capaci di generare da loro tutti i fenomeni osservati, la cui spiegazione consiste pertanto nell'assegnare a ciascuno l'entità corrispondente.
- Lo *stadio scientifico o positivo*, che rappresenta lo stadio fisso e definitivo della conoscenza umana, nel quale lo spirito umano, riconoscendo l'impossibilità di ottenere delle nozioni assolute, inizia a tentar di scoprire con l'uso del ragionamento e dell'osservazione, le loro leggi effettive, cioè le loro relazioni invariabili di successione e similitudine.

Come è evidente, si tratta di tre tipi di filosofie che si escludono reciprocamente e però convivono in quel particolare momento storico di transizione, in cui il passaggio allo stadio positivo o scientifico non si è ancora realizzato in tutti i settori dell'attività intellettuale degli uomini, generando una pluralità di opinioni e una vera e propria anarchia intellettuale, da cui deriva anche il disordine sociale e politico. Sarà la scienza, per Comte, a restituire all'uomo, nello stadio positivo, la certezza d'ordine intellettuale e, conseguentemente, l'ordine nella società e nelle istituzioni. È questo il compito della "politica positiva", mentre alla "sociologia" è affidato il compito di guidare il progresso dell'umanità verso lo stadio positivo e scientifico. L'educazione positiva svilupperà poi il sentimento di solidarietà e ne farà il principio dell'insegnamento morale, rafforzando così la socialità umana.

Karl Marx

Marx (1818 – 1883) ha dato un contributo straordinario alla sociologia, sia attraverso la definizione di concetti di grande rilevanza, quali quelli di alienazione, classi sociali, ideologia e sovrastruttura, sia ancora, e soprattutto, per aver messo a punto un paradigma di riferimento – il comunismo – che avrebbe condizionato poi sia lo sviluppo della società che quello delle scienze sociali.

Al centro delle riflessioni e degli studi di Marx c'è il modo di produzione moderno, così come emerso dalla rivoluzione industriale. Un "modo di produzione" consiste essenzialmente nell'insieme, storicamente determinato, di mezzi per la produzione e di rapporti di produzione, ovvero rapporti che gli uomini stabiliscono tra di loro riguardo al produrre. Questi elementi, ovvero la proprietà dei mezzi di produzione e la divisione del lavoro costituiscono la struttura della società, che ne determina la forma. Tutto il resto – istituzioni giuridiche, morale, filosofia, religione, ecc. – è sovrastruttura che non ha una propria storia ma dipende dal mutamento della struttura a cui corrisponde. Il modo capitalistico di produzione è caratterizzato dalla contrapposizione di due classi sociali: i proprietari dei mezzi di produzione (capitalisti) e coloro che posseggono solo la propria forza-lavoro (proletari)[4].

Il capitale, per Marx, è lavoro accumulato all'interno di questa determinata strutturazione dei rapporti sociali, dove i rapporti tra le due parti sono mediati dal denaro in quanto il proletariato vende la propria forza-lavoro come se fosse merce, in cambio di un salario, corrispondente alla quota di tempo venduta. I beni economici prodotti all'interno di questo modo di produzione sono merci e cioè destinati a essere venduti sul mercato. Una merce è un bene con un duplice valore: il valore d'uso, diverso da merce a merce, e il valore di scambio che si esprime nel prezzo della merce stessa. Marx afferma che il profitto nasce dallo sfruttamento dell'operaio e cioè dal fatto che il lavoro che egli realizza per conto del capitalista, genera un valore superiore a quello corrispondente al salario e a tutti i mezzi di produzione impiegati. Ciò che rende quindi il lavoro accumulato capitale è perciò lo sfruttamento. Inoltre, il modo di produzione capitalistico produce l'alienazione degli operai, cioè l'estraniazione dell'uomo dal proprio lavoro che si ha quando colui che produce non ha il possesso dei mezzi di produzione.

Il capitalismo è per Marx una forza altamente rivoluzionaria, e il motore dei mutamenti che esso induce è dato dalla ricerca del profitto da parte dei capitalisti. Accrescendo sempre più il proprio capitale e accrescendo la produzione, infatti, essi continuano ad accrescere anche il loro potere. Per contro, però, provocano al contempo una crescita della classe operaia che diviene sempre più numerosa ma, relativamente alla ricchezza dei capitalisti, sempre più povera. La classe operaia diviene però anche sempre più consapevole della propria forza e del proprio ruolo nella produzione e pertanto essa può organizzarsi per rivoluzionare i rapporti sociali esistenti. Il riconoscimento dei propri interessi è parte del passaggio dalla classe in sé alla classe per sé e cioè del passaggio attraverso cui viene acquisita una propria coscienza di classe.

Marx riteneva che, nel suo ruolo di scienziato sociale, non dovesse semplicemente limitarsi a osservare il mondo, ma dovesse agire per cambiare le disparità di vita derivanti da tale conflitto di classe. Per Marx la rivoluzione proletaria e il trionfo del comunismo avrebbero posto fine alla disuguaglianza sociale.

---

[4] Cfr. in particolare Marx K (1972) Il Capitale. Editori Riuniti, Roma.

Vilfredo Pareto

Pareto (1848 – 1923) ha dato un importante contributo alla sociologia grazie alla teoria delle élite[5]. L'élite di governo è costituita da tutti coloro che partecipano all'esercizio del potere e che, affermandosi esclusivamente in forza delle proprie qualità personali, sono soggetti alla legge della circolazione delle élite, attraverso la quale i vecchi gruppi dirigenti vengono sostituiti da nuove élite provenienti dagli strati sociali inferiori. Il processo di circolazione è fisiologico al sistema politico e quando viene contrastato o impedito si creano le condizioni di un processo rivoluzionario di massa che, con l'avvento al potere del partito rivoluzionario, determina una circolazione collettiva del potere. Pareto classificò tutte le azioni sociali come logiche o non logiche:
- le azioni logiche presentano uno stretto legame tra ciò che è nell'intenzione dell'attore e ciò che si realizza oggettivamente;
- le azioni non logiche sono quelle il cui fine oggettivo differisce da quello soggettivo, come gli atti riflessi, gli atti eroici, i riti sacrificali.

Proprio le azioni non logiche, secondo Pareto, costituiscono l'oggetto di studio della sociologia.

Le idee di Pareto sulla società come sistema che tende all'equilibrio hanno fortemente influenzato le idee di Talcott Parsons e degli struttural-funzionalisti. Tra i suoi maggiori contributi nel campo della teoria economica, fondati sul tentativo di trasferire nella scienza economica il metodo sperimentale delle scienze fisiche, ricordiamo:
- L'elaborazione del concetto di *utilità ordinale*: di fondamentale importanza è la dimostrazione che l'utilità è misurabile soltanto su una scala ordinale. In base a tale elaborazione, l'unica cosa realmente necessaria alla fondazione della teoria del valore neoclassica (ovvero dell'insieme delle concezioni riguardanti la genesi e la determinazione del valore) era la possibilità che gli individui potessero disporre su una scala ordinale i diversi beni in base alle loro preferenze. Ciò che conta è perciò solo l'ordine e non la grandezza assoluta dell'utilità.
- La *curva della distribuzione dei redditi*: in tutte le nazioni la distribuzione dei redditi assume graficamente la forma di una curva, definita comunemente *Diagramma di Pareto*, con il vertice in alto. In tale curva, l'asse y riporta i redditi e l'asse x gli individui. In tal modo le classi povere costituiscono la parte inferiore del *Diagramma di Pareto*, mentre i ricchi quella superiore, in corrispondenza del vertice. A fronte di un incremento del volume complessivo della ricchezza più rapido dell'incremento della popolazione, è possibile aumentare il reddito minimo, ridurre l'iniqua distribuzione dei redditi oppure ottenere entrambi gli effetti. Il miglioramento delle condizioni di vita delle classi indigenti e il problema di una maggiore giustizia sociale sono per l'autore aspetti legati all'aumento della produzione piuttosto che alla distribuzione della ricchezza.
- Il concetto di *ottimo paretiano*: Pareto introdusse l'idea in economia di ottimo sociale, definito come un'allocazione delle risorse scarse che non può essere

---

[5] Pareto V (1964) Trattato di sociologia generale. Comunità, Milano.

modificata al fine di aumentare il benessere di qualche individuo senza diminuire il benessere di qualche altro individuo. L'autore dimostrò inoltre come un equilibrio di mercato di concorrenza perfetta sia sempre un ottimo sociale. Dall'inizio del nuovo secolo Pareto, pur affermando la sua determinazione nel voler trasformare le scienze sociali in scienze esatte, inizia a rivedere profondamente le sue teorie. Se inizialmente il protagonista delle azioni economiche è, nella concezione paretiana, l'*homo economicus* – ovvero un individuo che agisce scambiando, producendo o modificando beni con lo scopo di ottenerne il maggior vantaggio possibile – progressivamente l'attenzione si sposta su un *homo economicus* che agisce guidato dall'egoismo, dalla limitatezza delle risorse economiche, dalle difficoltà di produzione e dagli ostacoli imposti dal sistema sociale e giudiziario[6].

Emile Durkheim

Il pensiero di Durkheim (1858 – 1917), sia dal punto di vista metodologico che da quello sostanziale, è di grande attualità in quanto rappresenta la fase propriamente di transizione dalla macro-sociologia all'indagine sociale circoscritta di tipo moderno, trattando di fenomeni sociali di grande rilievo, quali la divisione del lavoro sociale e il suicidio.

Il punto di partenza della sociologia durkhemiana è la nozione del "fatto sociale", le cui caratteristiche fondamentali sono l'esteriorità e la coercitività. I fatti sociali per eccellenza sono tendenze, pratiche di un gruppo considerato collettivamente, cristallizzati in detti popolari, norme giuridiche e morali, ossia istituzionalizzati. Fondamentale è quindi per Durkheim l'elemento istituzionale e l'indagine sociale delle istituzioni.

Da queste premesse derivano tre regole fondamentali relative all'osservazione dei fatti sociali:
- la prima regola impone di considerare i fatti sociali come cose in quanto esterni all'individuo. Per indagarli, pertanto, non bisogna ricorrere a una introspezione psicologica, ma occorre che l'analista si liberi di ogni prenozione;
- il ricercatore deve stabilire il carattere esterno in base al quale individuare l'oggetto di studio e inserire nella ricerca tutti i fenomeni con quel carattere;
- il fatto sociale va considerato nella prospettiva in cui si mostra isolato dalle sue manifestazioni individuali.

L'opera più importante di Durkheim è *La divisione del lavoro sociale*[7], attraverso la quale, l'autore cerca di dimostrare che nelle moderne società la divisione del lavoro rappresenti la fonte principale, anche se non l'unica, della solidarietà sociale. Per determinare in quale misura essa produca solidarietà e contribuisca all'integrazione generale della società, è indispensabile però definire una classificazione delle differenti specie di solidarietà sociale: Durkheim propone la nota distinzione tra solidarietà meccanica e solidarietà organica.

---

[6] Pareto V (1964), *op. cit.*
[7] Durkheim E (1977), *op. cit.*

Nel primo caso, la solidarietà è fondata sul prevalere quasi totale della coscienza collettiva sulla coscienza individuale e in questo caso le somiglianze tra gli individui sono maggiori delle differenze. Il termine "meccanica" non significa che essa venga prodotta da mezzi meccanici artificialmente, bensì che nella società in cui tale solidarietà è molto sviluppata, l'individuo non appartiene a se stesso; egli è letteralmente una cosa di cui la società dispone. L'indice empirico che permette di misurare l'intensità della solidarietà è il diritto. Nel caso delle società a solidarietà meccanica il diritto in vigore è per lo più quello penale, con carattere di espiazione. Quando tuttavia la società aumenta di densità ovvero di "densità morale", non possiede più l'originaria omogeneità. La società moderna non è più composta da individui simili ma differenti ed è fondata sulla divisione del lavoro e sull'interdipendenza di funzioni diversificate e specializzate. In tale società la solidarietà è più articolata e di tipo organico; il diritto in vigore è civile e le sanzioni esistenti sono restitutive, ossia volte a riportare le cose al loro stato iniziale. La società a solidarietà organica, fondata sulla divisione del lavoro, non è ancora giunta a uno stadio di sviluppo maturo e le nuove norme, più evolute sotto il profilo etico, non hanno avuto ancora il tempo di essere interiorizzate. Si viene a creare così una situazione di *anomia* che espone gli uomini a rischi non presenti in società precedenti.

Il peso della struttura sociale spicca ancor più chiaramente nell'opera *Il suicidio* (1897). In questo suo studio, Durkheim verifica le sue ipotesi teoriche per mezzo di rudimentali manipolazioni di dati statistici fornitigli dalla Prefettura di Parigi: un atto generalmente considerato come l'esito di una violazione tipicamente individuale, e in quanto tale spiegato psicologicamente, viene da Durkheim spiegato mediante una precisa correlazione con la realtà sociale e di gruppo in cui il suicidio viene compiuto.

Durkheim non nega che, nel suicidio, vi sia un fattore individuale. Tale fattore indicherebbe però soltanto la dimensione del fenomeno che sarebbe propriamente un fatto sociale. Esso va considerato normale "in relazione ad un determinato tipo sociale considerato in una determinata fase del suo sviluppo, se è presente nella media delle società di quella specie considerate nella medesima fase del loro sviluppo". Viceversa tale fenomeno verrà considerato patologico o morboso nei casi in cui è proprio di una minoranza. Ciò quindi non è in relazione a singole società, ma piuttosto a singole specie sociali, singoli "tipi sociali", che il sociologo deve classificare in base al grado di combinazione che presentano. La spiegazione di Durkheim che vede il tasso dei suicidi funzione di condizioni socio-economiche è ancora oggi valida nonostante la parzialità di ogni spiegazione monocausale[8].

Wilhelm Dilthey

Dilthey (1833 – 1911)[9] è l'esponente di maggior rilievo della corrente di pensiero denominata storicismo tedesco. Egli distingue tra le scienze naturali e le scienze dello

---

[8] La ricerca è descritta nel Capitolo 9, Par. Durkheim e il suicidio anomico.
[9] Bianco F (1985) Introduzione a Dilthey. Laterza, Bari.

spirito in base al loro settore di studio che è esterno all'uomo nel primo caso e interno nel secondo. Nella vita, infatti, non trova espressione solamente l'attività conoscitiva ma anche il sentimento e la volontà che sono entrambi rappresentati dall'esperienza vissuta. La differenziazione tra i due mondi non è però netta e anzi Dilthey sostiene che i fenomeni fisici e quelli psicofisici siano tra loro interdipendenti. Dilthey individua una divaricazione di ordine metodologico tra le due discipline che deriva dalla diversità del loro oggetto di indagine. Egli oppone quindi lo "spiegare" come modalità propria della conoscenza dei fenomeni fisico-naturali, al "comprendere" come modalità propria del mondo storico e umano. Mentre lo "spiegare" consiste nello stabilire nessi di casualità attraverso ipotesi che pongano in relazione fenomeni del mondo fisico ed è quindi un tentativo di ricostruire dall'esterno un oggetto estraneo all'uomo, il "comprendere" consiste nel cogliere le connessioni di senso la cui autenticità è garantita dall'"esperienza vissuta".

Inizialmente Dilthey concepisce il "comprendere" come semplice forma di autointerpretazione mentre successivamente lo pone al centro del processo di comprensione dell'agire dell'altro e della sua intenzionalità, in quanto affine al soggetto interpretante proprio perché abitante del medesimo mondo storico e culturale. Pertanto il "comprendere" consiste in un rapporto di empatia e cioè di comune sentire ed è quindi un riconoscere sé stessi negli altri.

Georg Simmel

Simmel (1858 – 1918), partendo dal concetto che la società non è altro che l'insieme degli individui che la compongono e delle loro relazioni, dedica i propri studi alle forme delle relazioni di influenza reciproca che sussistono tra gli uomini. Per Simmel, quindi, la sociologia è una scienza formale, avendo il compito di descrivere le forme che le relazioni di reciprocità assumono in varie situazioni e in tempi diversi, sia che esse si solidifichino nelle istituzioni, sia che restino effimere. La "tragedia" sta nel fatto che la vita non può essere compresa in maniera completa perché va continuamente oltre le forme (idee, simboli, ecc.) scavalcandole; e, d'altra parte, essa può essere colta solo mediante tali forme. Per tale motivo anche la conoscenza scientifica, che come ogni forma di conoscenza si basa sulla costruzione di forme, non è che una riduzione della realtà e, in quanto tale, è parziale e limitata oltre che soggetta a essere interpretata secondo molteplici prospettive.

Simmel è un acuto studioso della modernità di cui cerca di mettere in evidenza i fattori di crisi e le forme dell'esperienza, prima tra tutte l'"intensificazione della vita nervosa" e il corrispondente "intellettualismo" della coscienza: *"il tipo metropolitano si crea un organo di difesa contro lo sradicamento di cui lo minacciano i flussi e le discrepanze del suo ambiente esteriore: anziché con l'insieme dei sentimenti, reagisce essenzialmente con l'intelletto..."*[10].

---

[10] Simmel G (1984) La filosofia del denaro. UTET, Torino, pp 36-37.

L'ipertrofia dell'intelletto è per Simmel tipica della modernità e corrisponde all'intensificazione della vita nervosa e allo sviluppo di un atteggiamento calcolistico e strumentale sia nei confronti delle persone che della vita in generale. L'intelletto, abituandosi al calcolo, perde la capacità di distinguere le differenze qualitative dei fenomeni e, di conseguenza, anche di formulare giudizi di valore. A ciò conduce anche lo sviluppo dell'economia monetaria in quanto anche il denaro, come l'intelletto, è indifferente alle differenze qualitative tra i beni.

L'analisi di Simmel mette in luce la personalità degli individui, forgiata da tutte le forze che spingono verso un'indifferenza nei confronti della qualità delle cose. Tale personalità è propria dell'uomo *blasé*, intendendo con questo termine il cittadino disincantato e annoiato che si pone nei confronti della vita come se già avesse visto tutto ciò che c'è da vedere.

I rapporti sociali tipici della moderna metropoli sono all'insegna dell'*anonimità* per via della densità numerica della popolazione, dell'intellettualizzazione e del denaro. La coscienza dei membri della società si fa sempre meno ricca di contenuti individualizzati man mano che la società si fa meno numerosa e indifferenziata. Viceversa l'individuo ha maggiori possibilità di sviluppare la propria autonomia e la propria unicità man mano che la società si allarga. La metropoli, essendo caratterizzata da una massima concentrazione e dalla massima differenziazione sociale, è sede dell'individualità per eccellenza e costituisce il luogo dove è maggiore la libertà di movimento e di espressione del singolo individuo.

Nella metropoli la densità della popolazione fa sì che ogni individuo ostenti in maniera esagerata il proprio individualismo fino a farlo divenire una parodia di se stesso: la ricerca ossessiva di segni distintivi ed eccentrici caratterizza gli abitanti della metropoli che tentano di costruire la propria personalità che tende a volte a svuotarsi. Nel fenomeno della moda è possibile riconoscere due spinte contraddittorie: la distinzione e l'imitazione: la prima tendenza riguarda la necessità di differenziarsi dagli altri e di esprimere la propria particolarità, mentre la seconda esprime la necessità di affermare la propria partecipazione a una cerchia sociale. Decidendo di seguire una moda, l'individuo decide al contempo di somigliare a coloro che ne sono i rappresentanti e di differenziarsi da tutti gli altri che non la seguono[11].

Ferdinand Tonnies

Tonnies (1855 – 1936) è considerato, insieme a Simmel, Weber e Sombart uno dei fondatori della Società tedesca di sociologia, creata nel 1908 e della quale fu a lungo il presidente. La sua dottrina si fonda sulla contrapposizione tra due forme sociali, la "comunità" (*Gemeinschaft*) e la "società" (*Gesellschaft*).

Nell'opera *Comunità e società*[12] appunto, individua due *modelli di organizzazione sociale*: la comunità, gruppo stabile nello spazio e nel tempo, predominante in epoca

---

[11] Simmel G (1985) La moda e gli altri saggi di cultura filosofica. Longanesi, Milano.
[12] Tonnies F (1979) Comunità e società. Ed. Comunità, Milano.

preindustriale e fondata sul sentimento di appartenenza e sulla partecipazione spontanea da un lato e la società industriale basata sulla razionalità e sullo scambio.

La presenza del denaro come mezzo di scambio è particolarmente rilevante per la distinzione fra comunità e società: se nella prima il mercato non è la forma principale di regolazione degli scambi, condotti essenzialmente in base a regole di reciprocità delle prestazioni o di redistribuzione, nella seconda il denaro diventa mezzo generalizzato di scambi, portando allo sviluppo di una logica del profitto.

Nella società, la cui espressione sono gli stati moderni, i grandi edifici e le fabbriche, gli individui vivono isolati ed estraniati gli uni dagli altri. In tale contesto non è possibile, secondo l'autore, raggiungere un insieme di valori generalmente condiviso: la società, contrariamente alla comunità, costituisce un raggruppamento sociale volontario, fondato sul contratto e su valutazioni di convenienza e di opportunità collegate a interessi di varia natura (economici, culturali, ecc.).

Nella sua opera, Tonnies individua forme primitive di legami da sempre presenti nella storia umana e caratterizzati da un carattere sia istintivo – come nel caso del rapporto madre e bambino – sia umano – come nel caso del rapporto fra fratelli. Proprio sulla base di tale analisi dei modelli primitivi si basa la critica mossa dall'autore alla società industriale. A quest'ultima, caratterizzata da contesti di vita quotidiana disgreganti e alienanti, Tonnies propone il ritorno a una dimensione più umana della vita sociale, la comunità appunto, basata su legami di vicinanza e di consanguineità e caratterizzata da rapporti sociali fondati su una reale volontà di comunicare, di far crescere uno spirito comunitario condiviso.

Il pensiero di Tonnies, sviluppato nel periodo in cui in Germania si andava sviluppando il processo di industrializzazione, è ancora oggi di grande attualità: se in origine tale pensiero costituiva una presa di distanza dalla visione capitalistica che andava allora diffondendosi, si pone oggi come critica a quegli aspetti che caratterizzano l'odierna società materialista, globale e massificata nella quale il ritorno ad un modello fondato sul consenso appare sempre più improbabile ma necessaria.

Max Weber

Weber (1864 – 1920) è considerato da molti studiosi il più importante sociologo mai esistito. Il suo contributo è stato certamente essenziale per lo sviluppo sia teorico che metodologico della sociologia.

Weber è convinto sostenitore di una concezione certista delle scienze naturali e tenta di assicurare tale caratteristica anche alle scienze storico-sociali: mentre le prime formulano leggi generali, le seconde tentano di cogliere la particolarità del significato dei singoli fenomeni appartenenti al mondo umano. I due livelli sono accomunati dalla necessità di un accertamento empirico, di oggettività e di strumenti atti a garantire la correttezza procedurale.

I valori per Weber danno senso alla realtà consentendoci perciò di conoscerla ma sono necessariamente in continuo mutamento; da qui deriva l'impossibilità di una conoscenza esaustiva della realtà storico-sociale. La relazione al valore è la condizione di ogni uomo in quanto essere culturale ma è anche la condizione del conoscere in quanto la conoscenza muove da punti di vista particolari: lo scienziato basa la scelta dell'oggetto da indagare facendo riferimento ai propri particolari interessi e alle proprie curiosità, secondo una particolare procedura inferenziale che denomina "imputazione causale".

La relazione al valore prescinde però totalmente da ogni giudizio di valore. In Weber riveste infatti un'importanza sostanziale il concetto di avalutatività dell'indagine per cui, dopo aver individuato l'oggetto, lo scienziato deve proseguire l'indagine tramite l'accertamento empirico delle asserzioni, senza limitarsi quindi all'inverare i propri giudizi iniziali di valore. Le condizioni alla base dell'oggettività della conoscenza sono in Weber due: l'avalutatività e la logica della spiegazione in base alla quale i fenomeni vengono spiegati mostrandone la loro connessione e il loro prodursi.

A proposito della «avalutatività» delle scienze sociologiche ed economiche, Weber affermava:

"Mi sembra, senza possibilità di dubbio, che nel settore delle valutazioni pratico-politiche (particolarmente anche di politica economica e sociale), da cui debbono essere tratte direttive per un agire fornito di valore, le sole cose che una disciplina empirica può porre in luce con i suoi mezzi sono le seguenti: 1) i mezzi indispensabili e 2) le inevitabili conseguenze; 3) la concorrenza reciproca, in tale maniera condizionata, di più valutazioni possibili, considerate nelle loro conseguenze pratiche"[13].

Weber elabora la teoria dell'idealtipo, secondo la quale il tipo ideale altro non è che una griglia concettuale, uno strumento con cui il ricercatore organizza la propria esperienza. Il tipo ideale non è una riproduzione della realtà ma è una sua esemplificazione, si pone come schema che verrà poi confrontato con la realtà stessa. Il tipo ideale non è costruito tramite generalizzazione ma è esso stesso un'utopia realizzata mediante l'accentuazione di alcuni aspetti della realtà ed è pertanto il frutto di un processo di selezione. Questo strumento consente al ricercatore di misurare di quanto la realtà se ne discosti e tale misurazione è compito delle scienze storico-sociali. Per Weber la sociologia prevede una sorta di intreccio di *erklaren* (spiegare) e *verstehen* (comprendere) poiché si propone di comprendere l'agire sociale attraverso la sua interpretazione e di spiegare poi tale agire nei suoi effetti.

In Weber il *verstehen* non è però un rivivere empaticamente ma è piuttosto un interpretare l'agire individuale nella connessione di senso in cui si trova e cioè ricostruendo attraverso concetti tipico-ideali il contesto di senso in cui si produce l'agire considerato. Weber distingue tra due tipi di *verstehen*:
- il comprendere attuale che riguarda la comprensione del significato che l'agire considerato assume in una determinata cultura;
- il comprendere esplicativo che riguarda invece la comprensione del senso che l'attore attribuisce al gesto considerato.

---

[13] Weber M (1958) Il metodo delle scienze storico-sociali. Einaudi, Torino, p 333.

Ludwig Wittgenstein

Wittgenstein (1889 – 1951) è lo studioso che maggiormente ha contribuito in Europa allo sviluppo dell'empirismo logico, una nuova corrente di pensiero affermatasi nei primi anni venti, soprattutto ad opera del *Wiener Kreis* (Circolo di Vienna), importante gruppo di studiosi riunitisi intorno a Moritz Schlick.

Il manifesto programmatico del Circolo risale al 1929[14]: è incentrato sulla concezione scientifica del mondo e si pone come primo obiettivo l'unificazione della scienza. In conseguenza a ciò viene posta particolare enfasi sul lavoro collettivo all'interno del circolo, oltre che sull'intersoggettività e sulla ricerca di formule neutrali utilizzabili quindi in ogni campo del sapere. Quindi mentre l'ideale di una unificazione del sapere era stato perseguito dal positivismo e soprattutto da Comte in termini puramente filosofici, viene ora perseguito dal positivismo logico in termini metodologici.

I teorici del *Wiener Kreis* si oppongono alla teoria kantiana dell'apriori affermando l'impossibilità di conoscenze incondizionatamente valide e dedicano molta importanza all'analisi logica del linguaggio come metodo di smascheramento degli asserti metafisici. Tale metodo consiste principalmente nel porre la domanda: "cosa intendi dire con i tuoi asserti?". Il lavoro scientifico consiste quindi nell'applicare l'analisi logica al materiale empirico: ogni enunciato deve essere riducibile ad asserti elementari basati su dati empirici così come ogni concetto deve essere riducibile a concetti via via più elementari riguardanti il dato stesso in modo che tanto il significato dell'enunciato quanto quello del concetto possano essere determinati genealogicamente, sulla base del processo di riduzione. Tale processo, costituendo la base di ogni disciplina, pone i presupposti per la costruzione della scienza unificata.

Il neopositivismo logico, integrando in sé empirismo e logicismo, si scontrava con una irriducibile polarità: l'empirismo che pone l'esperienza a fondamento della conoscenza da un lato e il razionalismo che viceversa pone la ragione a fondamento della conoscenza dall'altro. Nella sua opera *Tractatus logico-philosophicus*, Wittgenstein afferma che gli enunciati della logica non sono che tautologie, intendendo con tale termine affermazioni incondizionatamente vere che traggono tale valore di verità non dalle condizioni reali bensì da regole sintattiche che governano il sistema formale. Tali enunciati non possono essere considerati conoscenza in quanto non sono in grado di asserire nulla sul mondo, pertanto non possono essere né confermati né confutati dall'esperienza. In tal modo Wittgenstein fornisce una soluzione alla contraddizione insita nel neopositivismo logico: affermando che le affermazioni della logica non apportano alcuna conoscenza, non si contraddice l'assunto secondo cui alla base della conoscenza c'è il dato empirico. L'esperienza darebbe quindi i contenuti mentre la logica sarebbe solamente il guscio di questi, le regole formali di costruzione degli enunciati che però nulla dicono riguardo all'esperienza.

---

[14] La Wiener Kreis fu fortemente osteggiata dal nazismo che proibì a ogni paese tedesco di pubblicare le opere del Circolo perché ritenute espressione di una filosofia immorale.

Il linguaggio per Wittgenstein verte sullo stato di cose che designa un nesso possibile tra gli elementi più semplici (atomici) e non ulteriormente riducibili della realtà. Se lo stato di cose si dà effettivamente è un fatto e dunque un fatto è il sussistere di stati di cose. Wittgenstein con la sua teoria atomistica, affermando che il linguaggio rappresenta i fatti, indica una corrispondenza reciproca tra il mondo e il linguaggio in cui la proposizione è sensata se esprime uno stato di cose e cioè un fatto empiricamente possibile; vera se lo stato di cose sussiste effettivamente.

In tale concezione quindi senso e verità non coincidono necessariamente. Solamente le proposizioni elementari corrispondono alla realtà in quanto contengono nomi che hanno un nesso immediato con gli oggetti. Le proposizioni elementari possono successivamente essere congiunte formandone di più complesse, il cui valore di verità dipende da quello delle proposizioni elementari di cui si sostanziano. Wittgenstein opera una tripartizione delle proposizioni, distinguendole in:

- *Proposizioni elementari*, proprie delle scienze naturali. Queste sono dotate di senso in quanto raffigurano stati di cose (relazioni possibili tra gli oggetti) e sono vere se relative ai fatti. L'insieme di tutte le proposizioni elementari vere descrive completamente il mondo.
- *Proposizioni tautologiche*, proprie della logica. Queste sono incondizionatamente vere e necessarie ma sono anche prive di ogni contenuto cognitivo.
- *Proposizioni contraddittorie*. Tutte le proposizioni né semplici (verificabili empiricamente) né tautologiche rientrano in questa categoria. Esse sono prive di senso.

John Dewey

Dewey (1859 – 1952) è il maggior teorico del pragmatismo[15], una corrente di pensiero sviluppatasi negli Stati Uniti a cavallo tra XIX e XX secolo che presenta una serie di analogie con il positivismo logico europeo.

Dewey si oppone alla concezione automatizzata dell'esperienza, propria dell'empirismo classico, che vede l'esperienza costituita da un insieme di frammenti isolati e distinguibili gli uni dagli altri. Per Dewey infatti l'esperienza è la vita che accade a ognuno di noi in contesti da cui il soggetto è inseparabile quanto l'oggetto. L'esperienza è vista dall'autore non come deposito di informazioni inerenti accadimenti passati bensì come processo attivo di adattamento all'ambiente che prefigura soluzioni ai problemi e regole d'azione.

La concezione di Dewey circa una possibile continuità tra le operazioni di ricerca e quelle fisiche e biologiche è chiamata da molti "naturalismo di Dewey". La vita è vista dall'autore come un continuo alternarsi di squilibri e di successivi ristabilimenti dell'equilibrio: lo squilibrio costituisce il bisogno, la ricerca dell'equilibrio è fonte di nuove perturbazioni e nuovi adattamenti, la conoscenza è ciò che conclude soddisfacentemente la ricerca.

---

[15] Dewey denomina il proprio approccio "strumentalismo" per distinguerlo da quello di altri studiosi dell'epoca. Cfr. Dewey J (1949) Logica, teoria dell'indagine. Einaudi, Torino.

Contrariamente agli empiristi classici, secondo cui l'indagine nasce dall'osservazione, Dewey ritiene che l'indagine ha origine da una situazione problematica intendendo con ciò una situazione indeterminata e avvertita come tale. Nell'indagine scientifica, tale situazione problematica si ha quando si avverte un disagio cognitivo, una dissonanza e cioè quando si ha la percezione che qualcosa non torni all'interno di un particolare ambito di conoscenza. Il ricercatore quindi procede isolando un dato sulla base dei propri punti di vista investiti di valore. Il dato è quindi considerato nella sua ambiguità con il conseguente superamento del mito di un'osservazione pura e priva di interpretazioni.

L'indagine si conclude per Dewey con una asserzione di "giustificata asseribilità": un'asserzione è giustificata in quanto ha alle spalle un adeguato processo di indagine. Vi è quindi il superamento della verifica in senso assoluto delle asserzioni, nel senso di renderle vere; la verifica è qui concepita come un semplice assoggettare le asserzioni a opportuni controlli. Per Dewey i concetti non sono un qualcosa di realmente esistente ma sono semplicemente strumenti utili all'indagine, da valutare sulla base del contributo che apportano alla soluzione del problema. Il modello di indagine proposto dallo studioso enfatizza il legame situazionale che congiunge il soggetto e l'oggetto dell'indagine. Dewey crea il concetto di "transazione" che rinvia a un processo di costruzione reciproca. Alla luce di questo, l'indagine non è più vista come sviluppo di punti di vista valorizzati o di particolari prospettive, ma diviene essa stessa produttrice di valori che sono sia il mezzo che il risultato dell'indagine.

George Herbert Mead

Mead (1863 – 1931) è stato definito il padre dell'"interazionismo simbolico" per affermare la centralità dell'idea dell'interazione nel suo pensiero.

Le ricerche di Mead che maggiormente hanno influenzato il pensiero sociologico sono quelle inerenti la formazione del *sé* (*self*) che, nella concezione di Mead, emerge e si realizza nel corso dell'interazione sociale.

Mead distingue tra l'*io* e il *me*, ritenendoli i due poli del *sé*: il primo è il soggetto in quanto fonte dell'azione, il secondo è l'oggetto della riflessione. Ogni individuo può infatti riflettere su se stesso appunto tematizzandosi come un se e cioè guardandosi come dal di fuori, dal punto di vista di un altro. Dopo aver riflettuto su se stesso, l'individuo procederà a descriversi, si nominerà e quindi farà uso del linguaggio. L'interrogativo posto da Mead è il seguente: con quali parole può un soggetto nominare se stesso? Con quelle con cui ho imparato a descrivere gli altri e con quelle che ho imparato che gli altri descrivono me. Perché emerga un sé è dunque indispensabile la partecipazione al linguaggio e quindi la condizione perché emerga un sé è *sociale*. In Mead il concetto di *socializzazione* assume un'importanza decisiva e viene definito più nettamente: è il processo attraverso cui ciascuno di noi si confronta dapprima con il "me" che emerge nei discorsi degli atri, e interiorizza successivamente questo "me" come una descrizione di sé.

Talcott Parsons

Parsons (1902 – 1979) ricava da Durkheim, da Pareto e, soprattutto, da Weber le basi per una formulazione della *teoria dell'azione sociale*.

In Parsons, contrariamente a Durkheim, la sociologia non ha più come oggetto di studio i "fatti sociali" da intendere come cose esterne all'individuo, bensì, accettando la definizione di Weber, la comprensione e la spiegazione dell'azione sociale. Dicendo "azione" Parsons intende includere ogni comportamento umano al quale l'individuo conferisce un significato soggettivo. L'azione così concepita può quindi essere aperta o anche interna; può consistere in un intervento nei confronti di una particolare situazione come in un aperto rifiuto a intervenire o anche in una accettazione passiva della situazione.

Parsons, rifacendosi all'impostazione di Weber del rapporto fatto-teoria[16], afferma che la teoria necessita di venire in contatto con i *fatti*, con la realtà sociale per esserne verificata e, al contempo, per dare ad essi senso e direzione. Il problema del rapporto fatto-teoria sarebbe quindi essenzialmente un problema di integrazione e di reciproca dipendenza. Di conseguenza, il processo di verifica, fondamentale per la scienza, "*consiste nell'indagare deliberatamente dei fenomeni avendo in mente le aspettative derivanti dalla teoria e accertando se i fatti effettivamente rilevati comprovano o meno tali aspettative*"[17]. Fatti e teoria non sono quindi posti sullo stesso livello; il fatto è considerato alla stregua di un materiale grezzo, privo di rilevanza scientifica, che necessita quindi di una sistematizzazione.

Parsons fa propria la definizione di "fatto" di J.L. Henderson, secondo cui il fatto è "una affermazione verificabile empiricamente intorno a fenomeni in termini di uno schema concettuale". Tale definizione implica due affermazioni che Parsons chiarisce: la prima è che il termine "fatto" sta a indicare due cose; le proposizioni intorno a determinati fenomeni da un lato e i fenomeni stessi dall'altro. La seconda affermazione è diretta conseguenza di quest'ultima: un fatto scientificamente rilevante necessita di essere espresso mediante proposizioni, le quali a loro volta hanno significato solamente in relazione a un determinato schema concettuale. Appare chiaro quindi che in Parsons è la struttura del sistema teorico che determina quali fatti siano importanti, quali decisivi o cruciali e quali invece non lo siano, e in quale misura.

Robert K. Merton

Il pensiero di Merton (1910 – 2003) verte principalmente sulla nozione di "analisi funzionale". Egli si prefigge di spiegare i fatti sociali a partire dalla funzione che essi

---

[16] Parsons T (1962) La struttura dell'azione sociale. Il Mulino, Bologna.
[17] Parsons T (1962), p 8, *op. cit.*

svolgono, vale a dire dal contributo che essi danno al mantenimento dell'organismo sociale in cui si verificano. Merton, partendo dall'assunto che se un individuo definisce reale una certa situazione, essa sarà reale nelle sue conseguenze, formula il teorema delle "profezie che si auto adempiono". Questo teorema spiega molti comportamenti individuali e interpreta la società come costruzione interattiva tra gli attori sociali. Occorre però fare una netta distinzione tra funzioni soggettive e conseguenze oggettive di un comportamento, in quanto in alcuni casi queste non coincidono. Tale distinzione conduce al concetto di *funzione latente* (contrapposta alla funzione manifesta), intesa come conseguenza di un comportamento che, seppur oggettivamente osservabile, non rientra nella *motivazione* del comportamento stesso. Celebre in questo senso è il caso della danza della pioggia come manifestazione rituale degli indiani Hopi.

Il contributo di Merton è importante anche dal punto di vista della metodologia della ricerca. Egli critica tanto l'astrazione teoretica del funzionalismo alla Parsons quanto il grezzo empirismo che riduce tutta la ricerca sociologica all'indagine sul campo e propone una ricerca empirica che, facendo emergere le funzioni latenti di un fenomeno, contribuisca alla riformulazione della teoria che riguarda quel fenomeno. A tal proposito, Merton afferma che "*le recenti discussioni sociologiche hanno assegnato una funzione fondamentale alla ricerca empirica: il controllo o la verifica delle ipotesi (...). L'investigatore comincia con una supposizione o ipotesi, da questa trae varie deduzioni le quali, a loro volta, sono sottoposte ad una verifica empirica che conferma o rigetta l'ipotesi (...). La mia tesi centrale è che la ricerca empirica va ben oltre il compito passivo di verificare e provare la teoria: essa fa più che confermare o rigettare le ipotesi. La ricerca ha un ruolo attivo; essa adempie almeno quattro funzioni principali che contribuiscono allo sviluppo della teoria. Essa suscita, riformula, orienta e chiarifica la teoria*"[18].

Paul F. Lazarsfeld

Lazarsfeld (1901 – 1976) ha fornito un contributo importante alla metodologia della ricerca sociologica, mettendo a punto un modello relativo alla progettazione di un'indagine, ovvero alla chiarificazione dei momenti in cui un'indagine si articola, che ha preso il nome di "modello di Lazarsfeld"[19].

Lazarsfeld identifica l'indicatore in termini di tracce che un soggetto lascia di un proprio comportamento latente; comportamento che è posto alla base dell'indagine ma di cui è estremamente difficile trovare le tracce su un livello osservativo. In tale processo dispersivo, Lazarsfeld afferma che la teoria può aiutare il ricercatore a orientarsi e consiglia di selezionare quanti più indicatori possibili, salvo non eccedere per non stancare.

---

[18] Merton R (1970) Teoria e struttura sociale. Il Mulino, Bologna, pp 146-147.
[19] Lazarsfeld PF (1967) Metodologia e ricerca sociologica. Il Mulino, Bologna.

Per Lazarsfeld la validità e l'attendibilità di una ricerca sociale sono in delicato equilibrio:
- l'attendibilità riguarda la fase concettuale dell'indagine e si attua in termini di elaborazioni: un'indagine è considerata attendibile se riesce a dare gli stessi risultati anche se viene realizzata da ricercatori diversi a distanza di tempo. Lo strumento d'indagine utilizzato sarà tanto più attendibile quanto più i risultati saranno simili nelle diverse rilevazioni;
- la validità si riferisce invece alla selezione degli indicatori e quindi alla fase operativa.

Lazarsfeld si interroga sul modo di connettere i concetti alle esperienze empiriche e quindi elabora un modello che rappresenta un processo di operazionalizzazione dei concetti stessi. Il modello in questione stabilisce che, per scendere dal livello concettuale al livello empirico, occorra un processo costituito da quattro fasi:
- *Rappresentazione figurata di un concetto*, intendendo con ciò una rappresentazione complessiva e creativa del concetto, data in riferimento a una serie di parametri: ciò che il ricercatore sa, ciò che vuole scoprire, le sue opinioni al riguardo e soprattutto le coordinate spazio-temporali, contestuali, culturali e così via, in cui si svolge la ricerca e quindi il significato che il concetto usato assume in riferimento a tali coordinate.
- *Individuazione delle dimensioni*, che consiste nello specificare i significati che un concetto comporta. Quanto più un concetto è teoricamente denso e significativo, tanto più comprende al suo interno aree di significato più delimitate. Viceversa, quanto più il concetto è distante dal piano osservativo, tanto più sarà complesso il processo che consente di agganciarlo alla realtà empirica. Proprio per questo il concetto di operazionalizzazione di un concetto può essere più o meno semplice in relazione al concetto di cui si parla. Nonostante vi siano concetti apparentemente molto semplici, come l'età, questi non possono identificare immediatamente indicatori e indici poiché ogni concetto, al di là della sua apparente semplicità, è denso di significati culturali. Ogni concetto va quindi studiato; non è possibile importarlo da un'altra indagine ma ha un senso specifico in ciascuna indagine.
- *Individuazione degli indicatori*, intendendo con il termine indicatore una sorta di indizio ovvero un elemento empirico che testimonia l'esistenza di un concetto, che è invece una dimensione mentale. Il concetto non è però costituito da indicatori ma piuttosto può essere osservato tramite essi. L'individuazione degli indicatori comprende anche una selezione di questi tra i tanti possibili, scegliendo i più opportuni.
- *Formazione degli indici*, intendendo con il termini indice un insieme di indicatori. Differentemente che per gli statistici, che usano questa parola nel senso di rapporto, tasso o numero, nelle scienze sociali l'indice è un sistema di misura e non il risultato della misurazione. L'indice non è quindi il numero bensì lo strumento che consente di associare a dei casi, dei numeri. Per comprendere la differenza tra indicatore e indice, occorre sottolineare il fatto che il concetto è composto da molte dimensioni e quindi per misurare il concetto è opportuno considerarlo come

un sistema di indicatori, ciascuno dei quali si riferisce alle varie dimensioni. Quindi, mentre ogni indicatore si riferisce a una sola dimensione, traducendo empiricamente una sola dimensione del concetto, l'indice, ricavato per composizione di tanti indicatori, traduce empiricamente tutto il concetto.

Occorre sottolineare il fatto che l'indicatore, la dimensione e il concetto sono in realtà elementi dello stesso tipo ma posti a differenti livelli di una scala di astrazione. Su tale scala l'indicatore si colloca nei punti più bassi d'astrazione e per contro nei punti di maggior intensione: è cioè maggiormente prossimo e riconoscibile sul piano empirico proprio perché maggiormente specificato.

Ogni indicatore ha un margine di ambiguità con cui occorre fare i conti, situazione per situazione. Bisogna considerare l'indagine nel momento e nel luogo in cui viene compiuta, considerando anche il fatto che alcuni indicatori cambiano di interpretabilità negli anni. L'indicatore troppo esigente ci consente di cogliere al massimo ciò che è posto al vertice senza dirci nulla del resto, viceversa l'indicatore poco esigente non può dirci nulla per la ragione opposta. Utilizzando un maggior numero di indicatori nella costruzione dell'indice, si assottiglierà il margine di ambiguità insito in ogni indicatore. Non esistono formule particolari per attestare la validità di un indicatore; questa può essere determinata solo tramite valutazioni comparative.

Dopo aver provveduto alla formazione degli indici occorre trasformare l'indicatore in variabile, ovvero bisogna specificare in che modo il tipo di informazione (ad es. interesse alla politica) va rilevato empiricamente. Considerando il fatto che la variabile è una grandezza capace di assumere stati diversi, una volta definita la grandezza, che è l'indicatore, occorre stabilire gli stati diversi che tale variabile può assumere nel campione. Trasformare un indicatore in una variabile significa definire il campo di variazione e definire anche i modi specifici in cui tale informazione va rilevata. Con la trasformazione dell'indicatore in variabile si chiude il processo di progettazione dell'indagine.

Charles Wright Mills

Mills (1916 – 1962) è considerato l'iniziatore della sociologia critica statunitense che si contrappone alla concezione funzionalista, accusata di difendere e perpetuare il vigente ordine politico ed economico della società. In opposizione ai funzionalisti, Mills evidenziò gli aspetti costrittivi e di manipolazione insiti nella società americana, le forti discriminazioni sociali nascoste dall'aspetto democratico del sistema politico dominante e lo strapotere dei grandi gruppi economici.

Nel suo libro *Le élite del potere* (1970), Mills analizza la struttura del potere presente negli Stati Uniti, descrive il nesso sociale e psicologico tra le *élite* politica, militare ed economica e pone in luce la visione del mondo che le accomuna. Questa è contraddistinta per i seguenti aspetti:
- la *metafisica militare*: le persone ai vertici delle tre istituzioni condividono una definizione militare della realtà;

- l'*identità di classe*: le persone ai vertici delle tre istituzioni si riconoscono separate e superiori al resto della società;
- l'*interscambiabilità*: le persone ai vertici delle tre istituzioni si muovono all'interno e attraverso le tre strutture istituzionali mantenendo comitati direttivi di collegamento;
- la *cooptazione/socializzazione*: l'assimilazione o socializzazione di nuovi membri candidati della *élite* avviene solo in base al successo della loro immedesimazione o autoclonazione all'interno di tale *élite*.

Mills, convinto sostenitore della responsabilità degli intellettuali nella società contemporanea, si occupa degli elementi conflittuali della società, ritenendoli collegati a un disagio profondamente diffuso. Ciò che avvicina Mills alla sociologia marxista e agli altri teorici del conflitto è l'idea che la società americana sia drammaticamente divisa dalle continue interazioni tra chi detiene il potere e chi ne è escluso. Mills condivide con tali autori l'interesse per tutto ciò che riguarda gli effetti della struttura sociale sulla personalità, per l'alienazione e per la manipolazione della gente comune realizzata dalle *élite* e dai *mass media*. Egli riesce a trattare tali problematiche mantenendo al contempo l'attenzione sulle dinamiche psicologiche dell'individuo e sulle motivazioni dei piccoli gruppi di persone.

La Scuola di Francoforte

La Scuola di Francoforte è considerata una delle maggiori imprese collettive del pensiero sociale del XX secolo. Essa prende il nome dall'Istituto per la Ricerca sociale, fondato a Francoforte nel 1923. Il primo direttore della Scuola fu Carl Grundberg, ma colui che diede il contributo più rilevante al suo sviluppo fu Max Horkheimer, che ne assunse la direzione a partire dal 1931. I membri più noti della Scuola di Francoforte sono stati, oltre a Horkheimer, Theodor W. Adorno, Herbert Marcuse, Eric Fromm e Walter Benjamin. Tutti i membri sono accomunati, almeno inizialmente, da un riferimento al marxismo: essi furono infatti inizialmente uniti dal comune intento di promuovere un rinnovamento della ricerca sociale marxista. Veniva avvertita infatti la necessità di render conto del recente mutamento del capitalismo nonché delle nuove contraddizioni che ne emergevano, all'interno della Germania della Repubblica di Weimar.

I membri della Scuola di Francoforte non possono però esser considerati marxisti ortodossi: sotto la guida di Horkheimer infatti, il gruppo iniziò una profonda revisione del pensiero marxista, integrandovi vari elementi tratti dalla psicoanalisi freudiana. L'approccio che ne derivò fu una *teoria critica* della società, dotata di grande originalità. La teoria critica è caratterizzata da un forte intreccio di ricerca sociale, filosofia e psicoanalisi. Essa non può essere quindi considerata sociologia in senso stretto né tantomeno semplice osservazione della realtà.

Nel 1933, a seguito della presa del potere in Germania da parte dei nazionalsocialisti, l'Istituto venne chiuso per "tendenze ostili allo stato".

Una volta trasferitisi negli Stati Uniti, Horkheimer e gli altri iniziarono a interessarsi allo studio della società di massa e dell'industria culturale. Horkheimer e Adorno giunsero a elaborare una critica radicale della modernità occidentale, caratterizzata sul predominio della *razionalità strumentale*.

Successivamente venne realizzata l'altra grande ricerca collettiva della Scuola di Francoforte: uno studio sul pregiudizio esistente all'interno delle società contemporanee.

Le origini marxiste del pensiero di Adorno sono evidenti sin dalla prima pagina della sua opera *Minima Moralia* in cui egli afferma che nella società caratterizzata dal modo capitalistico di produzione, il fine dell'esistenza degli individui è *produrre*. La vita non è altro che mera erogazione di forza-lavoro e consumo dei beni prodotti, che consente di continuare a produrre. Tale consapevolezza, unitamente al sospetto della sua assurdità, costituiscono il cuore del pensiero di Marx e anche quello della *teoria critica* della società. La teoria ha come fine quello di esplicitare le possibilità rivoluzionarie presenti nell'era capitalista. Essa nasce dall'esigenza di un rinnovamento della teoria marxista; esigenza dovuta alla consapevolezza di una mancata attuazione di una rivoluzione da parte del proletariato. Nel pensiero del gruppo, e particolarmente nel pensiero di Marcuse, poiché il capitalismo ha causato uno stravolgimento capitale della condizione dell'uomo, allora altrettanto radicale dovrà esserne l'abolizione: la rivoluzione non dovrà quindi essere come Marx sosteneva, puramente politica né riguardare solamente la sfera della produzione; essa dovrà essere una *rivoluzione totale*.

La Scuola di Francoforte si discosta però da Marx affermando che tale rivoluzione non deve avere per soggetto il solo proletariato, bensì deve porsi come ricordo costante alle possibilità di emancipazione.

Horkheimer fu il primo a dichiarare la necessità di integrare il pensiero marxista con una teoria inerente i meccanismi psicologici dell'uomo per poter indagare le ragioni per le quali le tensioni sociali restino allo stato latente, senza quindi sfociare in una rivoluzione. Occorreva quindi comprendere l'*integrazione* della classe operaia nel capitalismo. A tal fine, per opera di Fromm, avvenne la prima integrazione del pensiero di Freud con quello di Marx: esso venne usato negli *Studi sull'autorità e la famiglia* proprio per indagare i processi di socializzazione dell'individuo. In questo modo gli studiosi riuscirono a dare spiegazioni che nessuna teoria economica era mai riuscita a dare, circa la tendenza degli uomini ad affidarsi all'autorità di un leader carismatico, rinunciando a perseguire i propri interessi e scaricando la propria aggressività su falsi obiettivi, su *capri espiatori*. Tutto questo ha alla base l'indebolimento, nell'età capitalistica, della capacità della famiglia di formare individui autoresponsabili; incapacità che porta alla formazione del così detto *carattere autoritario*. Tale carattere è tipico di coloro che reprimono la tensione a soddisfare i propri impulsi libidici e, conseguentemente, tendono a scaricarla sugli altri. L'incapacità di questi individui di sviluppare un "*Io* auto responsabile", fa sì che essi si affidino all'autorità di un leader carismatico, un leader cioè che promette di soddisfare i loro bisogni.

Marcuse nella sua opera *Eros e civiltà* fa uso del pensiero di Freud secondo il quale il progresso della civilizzazione avrebbe portato a un forte controllo degli impulsi libidici con lo scopo di permettere un crescente dominio degli uomini sulla natura. Marcuse afferma quindi che il capitalismo, avendo portato un notevole sviluppo delle forze produttive, può consentire di ridurre tale controllo e permettere agli uomini di avere con la natura un rapporto non più antagonistico ma *conciliato*: è l'*edonismo*. Con tale termine Marcuse intende infatti la capacità degli uomini che vivono in una realtà priva di ingiustizie, di godere della loro vita e di essere felici entro i limiti che la vita stessa pone.

Nella Scuola di Francoforte l'interesse per la stampa e per tutti i mezzi di comunicazione riveste un'importanza centrale. Adorno e Horkheimer dedicano infatti una delle tre sezioni che compongono la *Dialettica dell'illuminismo*, all'*Industria culturale*. Essa si compone appunto di tutti i mezzi di comunicazione che consentono di portare la cultura alle masse, ma in essa si nascondono uno svuotamento della cultura stessa e un intento manipolatorio. Lo svuotamento della cultura dipende dal fatto che essa smette di essere veicolo di alti ideali per divenire luogo di intrattenimento, di invito al consumo e di promozione dell'adattamento all'ordine sociale costituito. Nella logica della comunicazione di massa inoltre è implicita la manipolazione, essendo unidirezionale.

L'Istituto venne riaperto a Francoforte nel 1950, mentre la fama dei suoi membri cresceva sempre più. Più avanti, l'insegnamento di questi autori fu anche di ispirazione per i movimenti studenteschi del 1968.

Negli anni Settanta, dopo la morte o il ritiro dall'insegnamento dei primi membri della Scuola, la teoria critica è stata rivitalizzata da Jurgen Habermas (1929 – vivente) che si discosta in maniera sostanziale dalle concettualizzazioni iniziali del gruppo e fonda la teoria dell'agire comunicativo[20]. Per Habermas nella società del capitalismo maturo il settore economico e il settore politico-amministrativo manipolano in modo sottile e diffuso valori e coscienze fino a creare deviazioni patologiche della razionalità del mondo della vita, ovvero della sfera della vita quotidiana degli individui dove si rielabora e si trasmette la cultura. L'economia e il potere burocratizzato, in sostanza, riducono gli attori sociali al ruolo di membri dell'organizzazione produttiva o di clienti dell'amministrazione. L'emancipazione politica e intellettuale della razionalità può avvenire solo aumentando l'efficacia delle relazioni intersoggettive rese autonome dai condizionamenti funzionali e da una razionalità discorsiva capace di contrapporsi al dominio della tecnologia.

Claude Lévi-Strauss

Lévi-Strauss (1908 – 2009) ha segnato negli anni Sessanta l'ingresso dell'antropologia nel campo delle scienze sociali francesi. Lévi-Strauss è inoltre considerato il fondatore dell'antropologia strutturale, approccio volto a indagare la struttura intesa come sistema

---

[20] Habermas J (1986) Teoria dell'agire comunicativo. Il Mulino, Bologna.

di regole inconsce che condizionano il comportamento umano, tentando l'interpretazione teorica e la conseguente ricerca dei legami esistenti tra natura e cultura.

Lévi-Strauss incomincia a elaborare il proprio metodo a partire dalla sua opera *Le strutture elementari della parentela*. In tale opera, l'autore tenta di spiegare le strutture della parentela ricorrendo al metodo strutturale, ovvero mediante l'elaborazione di modelli idonei a svelare le regole "latenti" che condizionano il comportamento umano.

Lévi-Strauss è il primo autore ad aver applicato l'indagine strutturale all'antropologia, ritenendo che questa dovesse ispirarsi alla linguistica. Egli afferma infatti l'esistenza di una stretta corrispondenza di strutture formali tra sistemi sociali e sistemi linguistici, in linea con lo strutturalismo che, contro ogni forma di atomismo logico e di sostanzialismo, sostiene che la realtà è un sistema di relazioni i cui termini costituenti non esistono di per se stessi, ma solo in connessione tra loro. In particolare, secondo l'autore, gli studi etnologici e linguistici dimostrano che l'attività inconscia dell'uomo consiste nell'imporre forma a un contenuto, e che tali forme sono fondamentalmente le stesse per tutti gli individui: risalendo alla struttura inconscia su cui poggia ogni istituzione e ogni usanza sarà quindi possibile ottenere un principio di interpretazione valido per altre istituzioni e usanze.

Mediante la trattazione matematico-linguistica dei fatti sociali diventa possibile, nella concezione dell'autore, pervenire ad una conoscenza autentica del corpo sociale, giungendo a prevedere accadimenti e ad anticipare osservazioni future. Una simile impostazione capovolge radicalmente la prospettiva tradizionale, in virtù della quale l'evoluzione sociale veniva spiegata chiamando in causa la volontà degli uomini e le loro intenzioni. Il carattere innovativo del pensiero di Lévi-Strauss sta proprio nell'aver introdotto la logica e la capacità di evoluzione che caratterizzano le strutture e che, non dipendendo dagli individui, rimangono loro fondamentalmente ignote.

Erving Goffman

Goffman (1922 – 1982) è uno dei principali esponenti dell'interazionismo simbolico. Egli, in opposizione al funzionalismo, concepisce la vita sociale come uno scenario in cui si agitano ruoli e interpretazioni dei ruoli che, se correttamente indagati, aiutano a comprendere le reali relazioni sociali, rivelandone spesso la latente violenza. La sua produzione scientifica privilegia l'osservazione dei fenomeni e dei comportamenti collettivi, ponendosi inoltre come uno dei contributi più interessanti della sociologia nordamericana allo studio della vita quotidiana.

L'approccio di Goffman viene definito "drammaturgico": l'autore concepisce infatti la vita sociale come uno scenario in cui si alternano diverse interpretazioni di ruolo. In tale scenario l'attore non è solamente colui che compie un'azione ma anche colui che recita mentre la metafora del teatro viene utilizzata per comprendere come ciascun individuo agisce nella sua vita quotidiana. Nel teatro, sottolinea l'autore, esistono una "scena" – nella quale l'attore recita un ruolo con l'obiettivo di produrre nel pubblico determinate impressioni – e un "retroscena" – nel quale l'attore abbandona il personaggio recitato sul palco.

Goffman descrive le interazioni tra persone proprio come rappresentazioni teatrali: così come avviene sul palcoscenico, anche nelle interazioni quotidiane ciascuno di noi si sforza di produrre certe impressioni, sostenendo un ruolo e suscitando negli altri un atteggiamento non ostile nei propri confronti, anche al fine di mantenere un'immagine credibile[21].

Al contempo nella vita quotidiana esiste anche un retroscena fatto di introspezione e momenti di autoriflessività durante i quali l'attore abbandona lo sforzo di presentarsi in pubblico e prepara la sua nuova *performance*. Proprio come a teatro, anche nella quotidianità tra attore e spettatori viene a stabilirsi un accordo implicito che inquadra la situazione. Questo pensiero è molto vicino all'etnometodologia, che vede il mondo sociale retto da un insieme retorico di accordi che, seppur non esplicitati, sono fondamentali per la vita comune. Questi accordi si basano su regole in costante mutamento e continuamente rigenerate fra persone che interagiscono e che vengono infrante quando qualcuno fa qualche cosa di non "normale", di imbarazzante, ovvero quando ciò che dovrebbe essere dato per scontato non lo è più. In questi casi l'individuo pone in atto delle strategie per ripristinare una situazione di "normalità" pur mantenendo la consapevolezza che la realtà è finzione.

L'opera forse più nota di Goffman è *Asylums*[22], nella quale sono raccolti gli esiti di una ricerca empirica condotta dall'autore stesso sulla vita quotidiana all'interno di ospedali psichiatrici. Il manicomio, così come il carcere, il convento di clausura ecc., è un'*istituzione totale* ovvero un'istituzione all'interno della quale l'individuo è segregato dal resto del mondo e la sua identità viene disgregata e poi riorganizzata in base alle definizioni imposte dall'istituzione stessa. In tali contesti, la percezione che gli internati hanno di sé è sottoposta a vincoli molto violenti: nel caso del manicomio, l'internato non può evitare di pensare a se stesso come "malato di mente". Il risultato è per l'autore devastante: invece di curare, il manicomio produce la fissazione del paziente nell'identità patologica che si tenderebbe di modificare. Tale critica mossa ai manicomi ha avuto grande risonanza, influendo sulle teorie dell'antipsichiatria.

Thomas Samuel Kuhn

Kuhn (1922 – 1996) si interessa di *storia della scienza* ed elabora una importante teoria sul modo di affermarsi dei paradigmi scientifici, dove per paradigma si intende *"una costellazione di credenza, valori, tecniche e così via, condivise dai membri di una data comunità scientifica"*[23].

---

[21] Goffman E (1969) La vita quotidiana come rappresentazione. Il Mulino, Bologna.
[22] Goffman E (2001) Asylums. Einaudi, Torino.
[23] Kuhn TS (1969) La struttura delle rivoluzioni scientifiche. Come mutano le idee della scienza. Einaudi, Torino.

Kuhn ritiene che le scienze non progrediscano *cumulativamente*, applicando un presunto *metodo scientifico*. Piuttosto egli sostiene che esistano due fasi distinte nella pratica scientifica delle scienze mature.

Nella fase della *scienza normale*, all'interno della comunità scientifica prevale il consenso verso un determinato modello esplicativo o *paradigma*, riconosciuto come base di una ulteriore ricerca.

Nella fase di *rottura rivoluzionaria*, la progressiva scoperta di anomalie, che ha inizio sin dalla fase della ricerca normale e dell'articolazione del paradigma, conduce alla formulazione di nuove teorie e strumenti di ricerca atti a sopperire all'inadeguatezza dei vecchi.

Durante i periodi di scienza normale, gli scienziati sono dediti principalmente alla soluzione di rompicapi, intendendo con essi quella speciale categoria di problemi che possono servire a mettere a prova la ingegnosità e l'abilità nel risolverli. Se è vero che nella maggior parte dei casi i rompicapi hanno una soluzione, possono darsi casi in cui essi facciano emergere dei problemi nuovi e insospettabili nella teoria o in qualche aspetto del paradigma. Per Kuhn tali nuovi problemi sono *anomalie*. Le anomalie possono diventare scoperte ma, affinché ciò avvenga, sono necessarie due condizioni:
- L'acutezza, l'intuito o il genio individuale per riconoscere che qualche cosa non era andata regolarmente, secondo modalità che potevano essere significative.
- Lo sviluppo dei concetti e degli strumenti, affinché l'anomalia possa essere identificata come *violazione delle attese*.

La comunità scientifica si compatta dunque intorno alla propria capacità di risolvere il rompicapo e intorno al consenso nei confronti del paradigma adottato. Venendo a mancare il consenso o nel caso in cui una nuova teoria dimostri la propria superiorità sulle teorie rivali, si apre la strada a una *rivoluzione scientifica*. Tale rivoluzione determina una mutazione nei concetti, nei problemi, nelle soluzioni e nei metodi scientifici. Queste trasformazioni rendono notevolmente discontinuo lo sviluppo scientifico: la teoria vecchia e quella nuova sono per Kuhn *incommensurabili* fra loro; il paragone tra le due non equivale quindi a un semplice confronto di significati reciprocamente incompatibili.

Coloro che riescono a inventare un nuovo paradigma sono per Kuhn principalmente persone molto giovani oppure arrivate da poco nel campo governato dal paradigma che essi andranno a modificare. Gli elementi fondamentali che contribuiscono a cambiare il paradigma esistente sono: ragioni etniche, pregiudizi, argomentazioni e ragioni estetiche.

Alain Touraine

Touraine (1925 – vivente) ha contribuito in maniera rilevante a elaborare il paradigma della società post-industriale, dedicandosi in particolare alle trasformazioni organizzative e culturali indotte dall'innovazione tecnologica.

Nel 1956 ha fondato il Centro di ricerca di Sociologia del Lavoro all'Università del Cile e nel 1958 il Laboratorio di Sociologia Industriale a Parigi[24]. Alla fine degli anni '50 ha avviato un impegnativo programma di ricerca sulla condizione operaia e sui mutamenti intervenuti nell'identità sociale dei lavoratori salariati[25].

Successivamente il suo interesse si è spostato in maniera particolare sui movimenti collettivi. Di particolare rilievo sono le ricerche condotte dall'autore nel '68 in Francia e in Polonia, al fine di porre in luce il carattere internazionale di produzione del significato e dell'identità collettiva. Touraine sostiene la rilevanza dell'azione come programma di ricerca da estendere non soltanto agli studi sociologici[26] e, con tale metodologia, ha esaminato nuovi movimenti sociali come il femminismo e l'ambientalismo.

In tempi più recenti, Touraine si è rivolto in maniera particolare all'osservazione degli attori sociali, con particolare attenzione al processo di trasformazione dei ruoli, della soggettività, dell'etica, dell'ideologia. In particolare, Touraine ha studiato il cambiamento sociale, analizzando le differenze che intercorrono fra il paradigma emergente e il classico modello della società industriale[27]. Mentre la società industriale era caratterizzata dalla produzione industriale e dalla coercizione, la società post-industriale viene a caratterizzarsi per la predominanza della produzione di beni simbolici e immateriali e per l'ampia diffusione di strategie di comunicazione mirate. Alla fine del suo percorso di studio, Touraine arriva a individuare nelle donne il soggetto centrale della società postindustriale e a loro in qualche modo affida il ruolo di agente d'innovazione dei sistemi organizzativi e della società in generale[28].

Franco Ferrarotti

Ferrarotti (1926 – vivente) è considerato il più autorevole sociologo italiano.

Si è interessato dei problemi del mondo del lavoro, della società industriale e postindustriale, dei temi del potere e della sua gestione, della tematica dei giovani, della marginalità urbana e sociale, delle credenze religiose, delle migrazioni. In particolare ha condotto, negli anni '50 e '60, ricerche sulle trasformazioni del lavoro, sul sindacalismo e sulla comunità. Ha fornito inoltre utili contributi nel campo della comunità urbana, con particolare riferimento al caso romano e ai fenomeni di nuova emarginazione.

Ferrarotti ha sempre privilegiato un approccio interdisciplinare, fondato sul riconoscimento di uno stretto nesso tra impostazione teorica e ricerca sul campo. Polemizzando con gli studi condotti in Europa ritenuti eccessivamente astratti e con

---

[24] Denominato dal 1970 Centre d'Etudes des Mouvements Sociaux.
[25] Touraine A (1974) L'evoluzione del lavoro operaio alla Renault. Rosemberg & Sellier, Torino.
[26] Touraine A (1965) Sociologie de l'action. Editions du Seuil, Paris
[27] Touraine A (1979) La società post-industriale. Il Mulino, Bologna.
[28] Touraine A (2009) Il mondo è delle donne. Il Saggiatore, Milano.

quelli americani che invece perdono spesso di vista il quadro teorico, ha fondato la "sociologia critica", basata su concetti operativi, in grado cioè di orientare la ricerca, offrendo parametri, indicatori che ne permettano l'individuazione e l'approfondimento. La sociologia critica è una scienza dell'osservazione ma orientata concettualmente. Essa costituisce un interessante tentativo di mettere in relazione l'impostazione empirica americana e quella più teorico-filosofica europea.

Rilevante è anche la produzione orientata alla proposta di nuove metodologie di ricerca, tra cui il recupero del metodo biografico, degli strumenti qualitativi e il perfezionamento della tecnica delle storie di vita. Ferrarotti mostra una forte insofferenza nei confronti della *survey* come unico strumento di ricerca e di analisi: sarebbe infatti impossibile dar conto dei moti popolari mediante un rigido questionario strutturato da distribuire a un campione stratificato mentre ritiene che l'impostazione qualitativa e i racconti autobiografici possano dare un importante apporto alla sociologia. Le ricerche condotte con approccio qualitativo riguardano i temi più svariati, dalle credenze religiose, al fenomeno della violenza, fino dall'uso di droghe fra i giovani che viene studiato attraverso la raccolta di storie di vita di giovani drogati. Le storie raccolte sono di grande impatto e portano all'evidenza il fatto che il fenomeno indagato attraversa tutte le classi sociali, senza distinzioni[29].

L'autore è pienamente consapevole della complessità dell'approccio adottato. L'approccio qualitativo richiede infatti la piena attenzione del ricercatore e il suo coinvolgimento totale. Esso implica inoltre, nel momento della narrazione, la sospensione delle proprie conoscenze teoriche: una erronea ricostruzione storico-temporale così come significati sottesi poco chiari e male interpretati, possono infatti portare a scelte interpretative contrastanti.

Ferrarotti introduce il concetto di *con-ricerca* per sottolineare il particolare tipo di dialogo tra ricercatore e Io narrante richiesto dalla narrazione autobiografica, in virtù del quale il parlato non potrebbe essere lo stesso con un diverso interlocutore. Inoltre il ricercatore potrà essere chiamato in causa dalla narrazione e potrà anche essere interrogato dal suo interlocutore, ad esempio per conoscerne il parere, e dovrà infine cercare di capire il grado di coinvolgimento dell'intervistato e dare interpretazione ai suoi stati d'animo. Al termine di questo processo di raccolta a di interpretazione, egli dovrà fare ricorso alla propria sensibilità e cultura, utilizzando le categorie scientifiche di riferimento. L'autore insiste in maniera particolare sull'importanza della contestualizzazione del parlato, sui legami tra testo e contesto quindi ma anche sull'esistenza di comportamenti irrazionali, difficilmente comprensibili sulla base di misurazioni quantitative.

Ferrarotti è tra i primi ricercatori a interessarsi, nel 1980, al fenomeno dell'immigrazione. A lui il Comune di Roma affida un'ampia ricerca che coinvolge oltre 800 intervistati. Da tale ricerca emerge un quadro non sempre confortante degli italiani come datori di lavoro: molti immigrati dichiarano infatti di essere sprovvisti del per-

---

[29] Ferrarotti F (1977) Giovani e droga. Liguori Editore, Napoli.

messo di soggiorno e di essere utilizzati al nero, con paghe estremamente ridotte rispetto a quelle degli italiani. Accanto alla ricerca sul campo, Ferrarotti studia i presupposti teorici dell'incontro tra culture e sottolinea la necessità di passare dalle culture imperiali di un tempo alla collaborazione tra culture, superando sentimenti di orgoglio nazionalistici e forzando i confini del concetto di etnia per consentire un pacifico sviluppo[30].

Domenico De Masi

De Masi (1938 – vivente) è considerato il più originale e innovativo sociologo italiano.

Ha dato un importante contributo all'affermazione del paradigma post-industriale in Italia. La tesi sostenuta è che mentre la società agricola ha dominato per molti secoli, la società industriale è durata appena duecento anni per essere sostituita poi da una nuova società, definita post-industriale, di cui si percepiscono i tratti inediti ma non si sanno definire i contorni. Alla ricerca e definizione dei tratti distintivi della nuova società e alle implicazioni sul mondo del lavoro De Masi ha fornito un importante contributo sia attraverso importanti opere di divulgazione[31], sia attraverso una importante attività di ricerca finalizzata ad analizzare il cambiamento intervenuto nel mondo del lavoro e nella classe operaia[32]. Tra i tanti tratti caratteristici del nuovo modo di produzione, De Masi ha evidenziato in particolare l'opportunità della destrutturazione del tempo e dello spazio, grazie all'utilizzo ottimale delle nuove tecnologie della comunicazione e alla diffusione del telelavoro. Opportunità che secondo lo studioso i manager non sanno cogliere a causa del permanere di un forte cultural gap che fa sì che fabbriche e uffici siano ancora sostanzialmente legati ai vecchi criteri organizzativi di tipo industriale, quali: standardizzazione, specializzazione, centralizzazione, unità di tempo e di luogo, economia di scala, culto dell'efficienza e della produttività intese come esaltazione della quantità rispetto alla qualità. La riflessione di De Masi è volta a trovare le strade più efficaci per superare questo cultural gap e per arrivare a definire un nuovo modello di organizzazione del lavoro coerente con le potenzialità espresse dall'epoca postindustriale. Per questo motivo approfondisce lo studio dei gruppi creativi (come quello di Enrico Fermi) e delle organizzazioni innovative che adottano modelli diversi da quelli tayloristici. L'analisi comparata di questi studi conduce De Masi a formulare la teoria dell'ozio creativo, condizione destinata a diffondersi sempre più nella nuova società e che si verifica

---

[30] Ferrarotti F (1988) Oltre il razzismo. Armando Editore, Roma; Ferrarotti F (2003) La convivenza delle culture. Un'alternativa alla logica degli opposti fondamentalismi. Dedalo, Bari.
[31] Basti qui citare: De Masi D (a cura di) (1985) L'avvento post-industriale. Angeli, Milano; De Masi D (1994) Sviluppo senza lavoro. Edizioni Lavoro, Roma; De Masi D (1999) Il futuro del lavoro. Fatica e ozio nella società postindustriale. Rizzoli, Milano.
[32] Cfr. per tutti: Cento anni da Marx. Le ricerche Isvet sui lavoratori italiani tra conflitto e riflusso. In: De Masi D, Bonzanini A (a cura di) (1984) Trattato di sociologia del lavoro e della organizzazione. La ricerca. Angeli, Milano.

quando nell'attività umana si cumulano, si esaltano e si ibridano il lavoro, lo studio e il gioco, quando cioè, nello stesso tempo, si lavora, si apprende e ci si diverte. La *way of life* alternativa al modello di sviluppo industriale che propone e che definisce "modello latino" passa attraverso la necessità di destrutturate il tempo definito sostituendolo con il tempo scelto; disseminare o riunire a piacimento i luoghi delle nostre attività; ricondurre lavoro, studio e gioco in una sintesi equilibrata e felice non più scandita dagli orari contrattuali e dai luoghi aziendali[33].

---

[33] De Masi D (2003) La fantasia e la concretezza. Creatività individuale e di gruppo. Rizzoli, Milano.

Capitolo 3
La società

La terza lezione è dedicata agli studi sulla società e in particolare al cambiamento sociale. Quello che stiamo vivendo è infatti un momento storico particolarmente importante che ha visto il passaggio dalla società industriale a quella postindustriale. La sociologia è la scienza che ha il compito di studiare i cambiamenti in atto, le nuove modalità di produzione, i nuovi mezzi di comunicazione, le nuove forme di interazione e di socializzazione, i nuovi conflitti e gli attori sociali emergenti[1].

La terza ondata dello sviluppo sociale

Il cambiamento è senza dubbio la realtà più importante che stiamo vivendo: a partire dalla seconda guerra mondiale si sono manifestate una serie di trasformazioni tanto rapide e profonde da segnare la fine di un'epoca – quella industriale – e l'inizio di un'era nuova, della quale ancora ci sfuggono i tratti essenziali e che perciò viene generalmente definita post-industriale. Per cogliere l'entità del cambiamento basta ripercorrere velocemente i tratti caratteristici della società industriale: si coglie facilmente come nessuno di questi sia più centrale nelle società maggiormente sviluppate. Le caratteristiche della società industriale possono essere così sintetizzate[2]:
1. concentrazione di grandi masse di lavoratori salariati nelle fabbriche e nelle aziende finanziate e organizzate dai capitalisti secondo il modo di produzione industriale;
2. prevalenza numerica degli occupati nel settore secondario su quelli occupati nel settore primario e terziario;
3. prevalenza del contributo dato dall'industria alla formazione del reddito nazionale;
4. applicazione, nell'industria, delle scoperte scientifiche al processo produttivo;
5. progressiva razionalizzazione e scientificizzazione della organizzazione del lavoro;
6. divisione sociale del lavoro e sua parcellizzazione tecnica sempre più capillare e programmata;

---

[1] Cfr. Arcuri FP (1992) Come gestire le risorse umane. Pirola, Milano.
[2] De Masi D (a cura di) (1985) L'avvento post-industriale. Angeli, Milano.

7. separazione tra luogo di vita e luogo di lavoro, tra sistema familiare e sistema professionale, con progressiva sostituzione della famiglia nucleare con la famiglia estesa;
8. progressiva urbanizzazione e scolarizzazione delle masse;
9. riduzione delle disuguaglianze sociali;
10. ristrutturazione degli spazi in funzione della fabbricazione e del consumo dei prodotti industriali;
11. maggiore mobilità geografica e sociale;
12. aumento della produzione di massa e crescita del consumismo;
13. fede in un progresso irreversibile e in un benessere crescente;
14. diffusione dell'idea che l'uomo, in conflitto con la natura, deve conoscerla e dominarla;
15. sincronizzazione dell'uomo non più sui tempi e sui ritmi della natura ma su quelli incorporati nelle macchine;
16. prevalenza accordata ai criteri di produttività e di efficienza intesi come unico procedimento per ottimizzare le risorse e i fattori di produzione;
17. convinzione che, per il raggiungimento degli scopi pratici, esiste *one best way*: una e una sola via ottimale da intuire, predisporre e percorrere;
18. riconducibilità di ogni prodotto industriale a un suo luogo preciso (la fabbrica) e ai tempi precisi (standard) di produzione;
19. presenza conflittuale, entro le fabbriche, di due parti sociali – datori di lavoro e lavoratori – distinte, riconoscibili, contrapposte;
20. riconoscibilità di una dimensione nazionale dei vari sistemi industriali;
21. esistenza di una rigida gerarchia tra i vari paesi, stabilita in base al prodotto nazionale lordo, al possesso delle materie prime e dei mezzi di produzione.

A partire dalla seconda guerra mondiale e poi progressivamente, in modo sempre più evidente e veloce, molte di queste caratteristiche hanno perso la loro centralità e sono state sostituite da altre: si ha una prevalenza numerica degli occupati nel terziario e terziario avanzato rispetto a quelli occupati nel primario e secondario messi assieme; i centri di ideazione (università, laboratori scientifici, ecc.) occupano, nello sviluppo della società, quel ruolo guida che per duecento anni era stato proprio dell'industria; i sistemi industriali non sono più riconducibili nell'ambito di una dimensione nazionale e, inoltre, diventa sempre più difficile attribuire la paternità a un prodotto che magari è stato ideato in un paese, realizzato in un altro con componenti e mezzi provenienti da altri paesi e che magari verrà consumato in altri paesi ancora; scompare progressivamente il lavoro manuale e ripetitivo, sempre più relegato alle macchine e ai lavoratori del terzo mondo, mentre prendono il sopravvento il lavoro creativo, l'immaginazione e l'informazione; aumenta la durata media della vita mentre diminuisce il tempo di lavoro, con un conseguente considerevole aumento del tempo libero; aumenta l'importanza attribuita alla salute (non più considerata riduttivamente come assenza di malattia, ma in una concezione socio-psico-fisica più allargata) e all'estetica; ci si avvia verso una demassificazione della cultura e del gusto; la centralità degli scienziati e degli artisti si sostituisce a quella dei tecnici e degli ingegneri;

aumentano la presenza e il "peso" delle donne nel mondo del lavoro; cambiano i conflitti tra classi ormai non più facilmente riconoscibili e identificabili; riemerge l'importanza dell'individuo e del nucleo familiare.

Questi sono alcuni dei principali cambiamenti avvenuti, altri sono alle porte:
"Il decondizionamento dei consumi renderà sempre meno probabili le mode e gli acquisti di massa, così come la varietà degli interessi renderà obsoleti i partiti e i sindacati. Le aziende saranno disarticolate dal decentramento produttivo e dalla dislocazione trans-nazionale della ricerca, della produzione, del consumo. Parallelamente muteranno il concetto di autorità e gli stili di leadership; si diffonderanno le task forces deburocratizzate e i sistemi multipli di comando, le dimensioni delle attività produttive saranno sempre più appropriate alle esigenze di coordinamento e ai bisogni individuali anziché alle economie di scala; il telelavoro ridurrà gli spostamenti delle persone e costringerà a riprogettare la casa, la vita privata e collettiva"[3].

Insomma, come afferma Toffler:
"È indiscutibile che sta avvenendo qualcosa di rivoluzionario. Stiamo partecipando non solo alla nascita di nuove forme organizzative, ma alla nascita di una nuova civiltà. Un nuovo codice sta prendendo forma, un insieme di principi propri della Terza Ondata, regole nuove, fondamentali per la sopravvivenza sociale". Terza Ondata, continua Toffler, *"dove la tecnologia, invece di privarci della nostra umanità, annullandola su una catena di montaggio o nell'alienazione dei ripetitivi lavori di ufficio, riuscirà a dare risalto alla nostra individualità, ad aumentare le nostre possibilità di scelta, a renderci persino più umani"*[4].

Il cambiamento in atto, in sostanza, non è meno ampio e profondo di quello che ha caratterizzato, circa duecento anni fa, il passaggio dalla società rurale a quella industriale. La rivoluzione industriale ha modificato infatti non solo le caratteristiche del sistema di produzione, dell'ambiente di lavoro e della professionalità, ma in un processo a catena tipico dei momenti di grande rivolgimento epocale, ha interessato tutti gli ambiti della vita sociale fino al modo di pensare, credere, sentire, sognare, amare e odiare degli uomini. Per valutare l'effetto dell'industrializzazione sulla società e sulla personalità basti pensare al fenomeno dell'inurbamento e alle influenze sul nucleo familiare.

Prima della rivoluzione industriale gli uomini vivevano perlopiù nelle campagne o in piccoli paesi e il posto di lavoro coincideva spesso con la casa-fattoria. La famiglia era in genere numerosa (per la coltivazione occorrevano molte braccia) e teneva unite più generazioni. Nella società industriale avviene la separazione tra abitazione e luogo di lavoro, si diffondono le grandi città e la famiglia improvvisamente si riduce fino a diventare "nucleare" (composta cioè da padre, madre e pochi figli). Il perché di queste trasformazioni è semplice: per trovare lavoro le persone debbono abbandonare la campagna

---

[3] De Masi D (a cura di) (1985) Manuale di ricerca sul lavoro. Angeli, Milano, p 39.
[4] Toffler A (1981) The third wave. Pan Books, London, p 275.

ed entrare in fabbrica; le fabbriche venivano costruite vicino alle più importanti vie di comunicazione e in luoghi dove poteva trovarsi forza lavoro in abbondanza; la famiglia numerosa non era più utile e anzi costituiva un grosso peso per un unico stipendio. Ne conseguono molti problemi nuovi, tipici proprio della società industriale, quali l'isolamento e l'esclusione degli anziani (tanto dal processo produttivo quanto dalla vita familiare) e la progressiva delega dell'educazione dei bambini dai genitori alle istituzioni.

Nella società post-industriale stiamo vivendo capovolgimenti altrettanto profondi che hanno già modificato sostanzialmente il nostro modo di vivere, lavorare, giocare e pensare e che sono destinati a modificarli sempre più, scavando così un solco almeno altrettanto profondo tra noi e Henry Ford di quello che divideva lo stesso Henry Ford da Napoleone Bonaparte o da Giulio Cesare.

Il ruolo della tecnologia

L'evoluzione economica e sociale dell'ambiente ha nell'innovazione tecnologica il principale elemento propulsore: come le macchine inventate da James Watt e Richard Arkwright rappresentarono per l'uomo molto più che la macchina a vapore o la sgranatrice del cotone, così oggi l'automazione, l'informatica e le tecnologie della comunicazione significano un ambiente e un modo di vita completamente nuovi e, anzi, l'innovazione tecnologica ha oggi maggiore velocità, diffusione e pervasività di quanto non sia stato nei primi tempi della rivoluzione industriale.

Molti studiosi considerano lo sviluppo tecnologico come l'elemento trainante del cambiamento, ponendolo al centro della propria analisi. Per Touraine[5], ad esempio, nell'evoluzione storica delle macchine è possibile individuare una tendenza di fondo – quella cioè a incorporare nelle macchine lavorazioni che in precedenza erano direttamente eseguite dall'uomo – e tre fasi alle quali vanno ricondotti tre diversi sistemi di lavoro (Fig. 3.1):
1. La *fase A*, o *fase pretayloristica del lavoro*, è caratterizzata dalla macchina universale che, potendo essere utilizzata in modi e per finalità diverse, richiede al lavoratore notevoli capacità individuali di tipo manuale e tecnico al tempo stesso. Il lavoro si svolge intorno alla figura dell'operaio professionale che "regola" la macchina, organizza e addestra i suoi collaboratori, stabilisce modalità e tempi di esecuzione. L'operaio professionale gode di una indiscussa autorità da parte dei suoi apprendisti e manovali che gli deriva direttamente dalla sua abilità professionale più che dal livello gerarchico. Nel gruppo non esistono significative differenze tra rapporti formali e informali.
2. La *fase B*, o *tayloristica*, segna il passaggio dalla macchina polivalente alla macchina monovalente specializzata: le operazioni che devono essere compiute sulla macchina si diversificano, si semplificano, si parcellizzano. Il lavoro operaio non

---

[5] Touraine A (1974) L'evoluzione del lavoro operaio alla Renault. Rosemberg & Sellier, Torino.

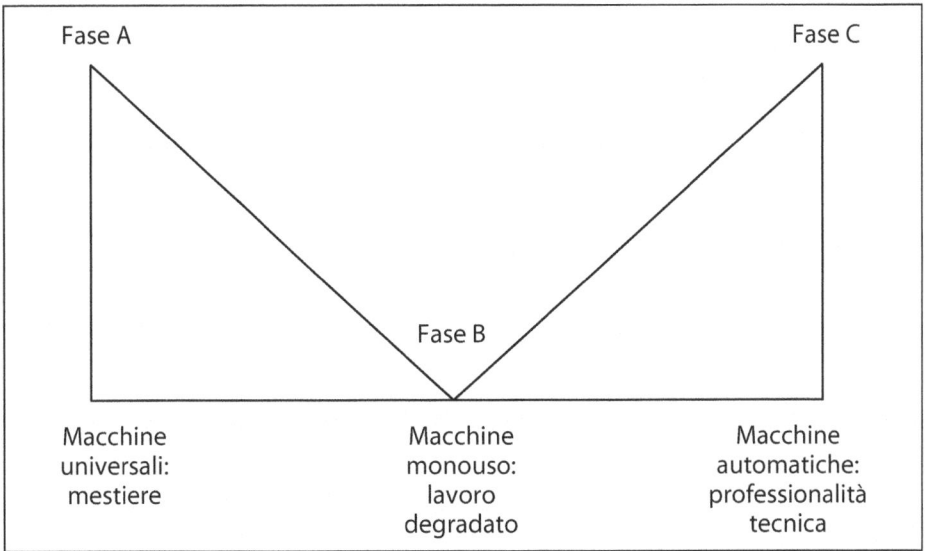

Fig. 3.1. Le fasi dell'evoluzione tecnologica. Modificata da: Touraine A (1974)

richiede più particolari abilità o duttilità; l'operaio di mestiere perde importanza e tende a scomparire; aumentano anche gli operai comuni cui sono affidate operazioni estremamente semplici e ripetitive. Viene introdotto il lavoro alla catena di montaggio e l'operaio diviene un ingranaggio delle macchine mentre scompare la soggettività del lavoro e la stessa comprensione della globalità del processo produttivo. Il "capo operaio" viene sostituito dal "capo squadra" che, inserito in una struttura gerarchica ormai rigida, si differenzia sempre più dall'operaio comune, fino a diventare un filtro tra questo e l'altra direzione. In questa fase si sviluppa e acquista importanza il gruppo informale, diverso e spesso contrapposto a quello formale.

3. La *fase C*, o dell'automazione, dove la tecnologia segna il passaggio a un nuovo sistema di lavoro, in cui si affida alla macchina il lavoro direttamente produttivo e in cui la funzione dei lavoratori diventa essenzialmente quella di controllori delle macchine stesse, fenomeno questo che comporta, almeno potenzialmente, la liberazione dall'alienazione. Gli operai comuni addetti alla produzione diminuiscono mentre aumentano quelli specializzati nel controllo tecnico. La qualificazione operaia non è più un fatto di abilità professionale ma di competenza tecnica e di qualità sociali, cioè dell'attitudine a occupare un determinato posto in un'organizzazione allo stesso tempo tecnica e sociale. Il "capo intermedio" diviene essenzialmente un organizzatore di uomini, non deve più assolvere a mansioni tecniche ma deve saper adattare l'operaio al compito e il compito all'operaio e può essere scelto tra gli operai di fabbricazione in base alle sue doti spontanee di leadership. Conseguentemente perde rilevanza e valore la contrapposizione tra gruppo formale e gruppo informale.

In sostanza, nella lettura che fa Touraine dell'evoluzione tecnologica, il taylorismo non rappresenta l'*one best way*, ovvero il modello ottimale, universale e definitivo di organizzazione del lavoro industriale, ma solo una fase di transizione, necessaria per quanto dolorosa, dalla fase A alla fase C; un momento di scomposizione e di parcellizzazione del lavoro che tende, in prospettiva, verso forme di ricomposizione che incidono sulle qualifiche, sulle mansioni e compiti dell'uomo alle macchine[6].

Similmente a quanto avviene nelle fabbriche, l'innovazione telematica ha portato la possibilità, integrando fonia, immagini, testi e dati, di automatizzare e, allo stesso tempo, ricomporre anche le attività di ufficio. Di conseguenza variano notevolmente il contenuto e l'ambiente di lavoro: la classica divisione tra fabbrica e ufficio è oggi in gran parte superata mentre si va affermando la differenza tra sistema tradizionale di lavoro e sistema nuovo. Per descrivere la differenza tra i due modi di concepire il lavoro è utile riportare alcuni passi di *Previews and Premises*, un libro scritto dal giornalista e studioso americano Alvin Toffler:

"Ho passato anni occupato in alcuni dei più sgradevoli lavori in fabbrica. Lavori da operaio. Lavoro manuale. Lavoro nella catena di montaggio. Ho anche visitato fabbriche in varie parti del mondo e sono stato in fabbriche e uffici all'avanguardia per studiarne il funzionamento. Tutto questo mi ha convinto che le idee correnti sul lavoro sono antiquate. Risalgono ad Adam Smith e a Karl Marx per quanto riguarda la divisione del lavoro e l'alienazione. Venendo a tempi più recenti, sono da ricollegare a C. Wright Mills per ciò che concerne la natura dell'impiego. Tendiamo tuttora a considerare il lavoro principalmente nei termini di Tempi moderni *di Charlie Chaplin o di A* nous la liberté *di René Clair. Tutte queste immagini e critiche un tempo erano giuste. Ma riguardano l'industria tradizionale e non si possono applicare al nuovo sistema come oggi si sta rapidamente sviluppando. Sappiamo tutti quanto era squallido, ed è tuttora, il lavoro in fabbrica nell'industria manifatturiera tradizionale. Anche negli uffici la situazione era ed è ugualmente triste. L'impiegato esegue un compito ripetitivo senza alcuna gratificazione per la sua abilità, senza opportunità di scelta né possibilità creative. Ma proprio questi modi di lavoro disumanizzato si stanno esaurendo.*

Nelle industrie tradizionali il lavoro frammentato, ripetitivo, automatico, rendeva all'azienda. Oggi i computers riescono a fare quel lavoro meglio e più presto, e i lavori pericolosi li possono fare i robots. Le vecchie forme di lavoro sono sempre meno redditizie e produttive. Vi è quindi un incentivo a cambiarle. Non molto tempo fa mi sono trovato nel reparto assemblaggio di un'azienda di computers di Silicon Valley. Non era una fabbrica di chips – che viene tuttora largamente organizzata secondo tecniche tradizionali, soprattutto in Asia, con schiere di operaie che svolgono un triste e ripetitivo compito in fabbrica. Questa è ancora la manifattura di massa. L'azienda che ho visitato, invece, impiega i chips e ne fa dei prodotti finiti.

---

[6] Cfr. Battistoni L (1984) Le fasi evolutive del lavoro industriale. La ricerca di A. Touraine alle officine Renault. In: De Masi D, Bonzanini A (a cura di) Trattato di sociologia del lavoro e della organizzazione. La ricerca. Angeli, Milano.

Io ho visto uno stile di lavoro completamente diverso, tipico della produzione demassificata: ambiente pulito e tranquillo, locale d'assemblaggio luminoso e gradevole, banchi di lavoro pieni di piante, foto di familiari e altri gingilli. Gli operai possedevano piccole radio e qualcuno dei mini-registratori con la cuffia. Il lavoro era l'opposto di quel che ci si sarebbe aspettato. Invece di svolgere più e più volte un certo compito, ognuno di questi assemblatori eseguiva molte operazioni complesse e prove su un piccolissimo numero di unità al giorno. Non c'era nessuna catena di montaggio meccanica. Con questo non dico che il loro lavoro fosse un gran divertimento. Ma il contrasto tra questo e il vecchio stile era stupefacente ed è questo il modo di lavorare che si va espandendo mentre declina quello tradizionale. Nelle industrie tradizionali si hanno licenziamenti e tagli nelle paghe, emolumenti differiti, pressioni sempre pesanti sul lavoratore. Nelle nuove industrie si parla di partecipazione dei dipendenti alle decisioni, di ampliamento e arricchimento del lavoro, di orario flessibile, di creatività invece che di obbedienza cieca"[7].

---

[7] Tratto da PM - Panorama mese, settembre 1983.

Capitolo 4
Società e comunicazione

Molti studiosi definiscono la società post-industriale come "Società dell'informazione" per mettere in evidenza la centralità occupata dai fenomeni culturali e comunicativi nel nostro agire quotidiano. Alla teoria della comunicazione è dedicata questa quarta lezione.

Il villaggio globale

L'interesse degli studiosi per la comunicazione si manifesta a partire dagli anni Cinquanta, con la diffusione della televisione. Come Touraine ha elaborato una storia dell'umanità caratterizzata da diversi stadi dell'evoluzione tecnologica, così Harold Innis (1894-1952) ha individuato nei diversi mezzi di comunicazione l'elemento caratterizzante le diverse epoche storiche[1]. Per Innis, comunicare solo verbalmente, o mediante iscrizioni su pietra, o scrivendo su fogli di carta, o attraverso libri o con radio e televisione determina la formazione di strutture sociali diverse: le modalità di comunicazione influenzano le forme del commercio, della politica, della cultura, del modo stesso di percepire i fatti e la società.

Proseguendo il lavoro di Innis, Marshall McLuhan (1911-1981) ha analizzato i mutamenti prodotti nella percezione e nella mentalità delle persone dal passaggio da una cultura basata sulla carta stampata ad una basata sugli audiovisivi. Per McLuhan il mezzo di comunicazione non ha solo una funzione tecnica di trasmissione, ma contribuisce a creare il significato del messaggio, fino al punto da affermare che "il medium è il messaggio". I nuovi media (radio e televisione) hanno per McLuhan una forza straordinaria, riuscendo a mettere in contatto quotidianamente tra loro tutte le parti del mondo, che assume quindi le caratteristiche di un "villaggio globale", dove tutto è interconnesso e dove aumentano le forme di controllo sociale.

Con l'avvento di internet le interconnessioni tra le diverse parti del mondo sono aumentate ed è cresciuta l'interattività delle comunicazioni. La comunicazione ha assunto un'importanza crescente e gli studi nel campo della comunicazione si sono moltipli-

---

[1] Innis H (1982) Le tendenze della comunicazione. Sugarco, Milano.

cati. Si tratta di studi perlopiù condotti da équipe interdisciplinari composte da sociologi, semiologi, psicologi, antropologi che possono essere distinti in tre filoni di ricerca[2]:
- il primo si concentra sullo studio di contenuti specifici trasmessi da media diversi e sui loro effetti sociali (es. l'effetto di una campagna pubblicitaria sui consumatori o della propaganda politica sugli elettori);
- il secondo studia l'effetto che l'insieme dei media ha sulla società nel corso del tempo, in termini ad esempio di costruzione del "senso comune";
- il terzo riguarda il rapporto tra media e cultura: l'esperienza di ciascuno di noi si modella in relazione all'ambiente nel quale viviamo: il tipo di mezzi di comunicazione che usiamo o a cui siamo esposti quotidianamente non può non influenzare alla lunga la nostra percezione del mondo, la nostra sensibilità, la struttura dei nostri pensieri. È questo il filone di ricerca più vicino agli studi di Innis e McLuhan.

Gli studi realizzati hanno evidenziato molteplici funzioni della comunicazione. Le principali sono:
- *Funzione strumentale*. È una finalizzazione del linguaggio per il conseguimento della soddisfazione di esperienze elementari. In una società basata sulla divisione del lavoro per specializzazioni, la comunicazione a fini strumentali è imprescindibile.
- *Funzione di controllo*. Ci si serve di questo tipo di comunicazione per stabilire un controllo su altre persone; se ne fa uso in tutti i casi in cui si desidera influire sul comportamento di qualcuno, condizionandone magari la sequenza di futuri comportamenti.
- *Funzione informativa*. È il modo più semplice per risolvere, attraverso la comunicazione, situazioni di ambiguità chiedendo ad altri il loro parere e, contemporaneamente, uscendo da situazioni che ci confondono o a cui non riusciamo a far fronte. La nostra consapevolezza della realtà e il nostro modo di pensare sono fortemente determinati dal contatto sociale ed è la comunicazione con gli altri che in gran parte definisce la realtà. La stessa immagine che si ha di se stessi, come abbiamo già ricordato, è incline a modellarsi sui giudizi altrui.
- *Funzione espressiva*. Confidarsi con un amico, o adirarsi per l'errore di un collega: ecco due esempi di comunicazione che ci permettono di esprimere il nostro modo di sentirci, spontaneo o costruito per un fine voluto (fare buona impressione, richiamare l'attenzione, ecc.). Questo tipo di funzione della comunicazione può operare in modi dissimulati ed elusivi al fine di dare al prossimo una certa immagine di sé, di appartenenza a un gruppo, di superiorità sull'altro, ecc.
- *Funzione di contatto sociale*. In questo caso, la comunicazione è fine a se stessa: è il contatto con gli altri la via che ci consente di uscire dall'isolamento. Apprezziamo e cerchiamo il contatto con persone con le quali sia possibile instaurare un'interazione dal ricco potenziale di comunicazione, superando così il timore dell'isolamento. Ognuno desidera, in misura diversa, entrare in rapporto con gli altri per il semplice gusto di stare insieme.

---

[2] Jedlowski P (1998) Il mondo in questione. Carocci, Roma.

- *Funzione di alleviamento dell'ansia.* La situazione interiore ansiosa spinge per lo più a ricercare il contatto con gli altri allo scopo di rassicurare se stessi. Alcuni esperimenti hanno mostrato come soggetti posti nella suddetta condizione, messi a contatto con persone partecipi della stessa situazione, mostravano una netta diminuzione dell'ansia.
- *Funzione di stimolazione.* Il contatto sociale offre un'ampia gamma di elementi e situazioni ricche di possibilità di stimolazione. Il solo fatto di trovarsi con un'altra persona è di per sé stimolante e il contatto sociale provoca sempre reazioni e interazioni. Tale potenziale di stimolazione è indispensabile, tanto che gli esperimenti sulla deprivazione sensoriale dimostrano con chiarezza gli effetti negativi della mancanza di stimolazione.
- *Funzione rituale o legata al ruolo.* Questo tipo di comunicazione è determinata dalla situazione in cui ci si trova: bisogna svolgere ciò che ci si aspetta da noi. Le sequenze verbali pronunciate sono legate, dipendono, dal comportamento previsto e dalla situazione.

Pragmatica della comunicazione umana

Gli studiosi di Palo Alto[3] indagano il comportamento, la pragmatica della comunicazione e le psicopatologie che derivano da una comunicazione distorta. Il loro punto di partenza è che il comportamento non ha un suo opposto: *"in altre parole, non esiste un qualcosa che sia un non-comportamento o per dirla anche più semplicemente, non è possibile non avere un comportamento. Ora, se si accetta che l'intero comportamento in una situazione di interazione ha valore di messaggio, vale a dire è comunicazione, ne consegue che comunque ci si sforzi non si può non comunicare. L'attività o l'inattività, la parola o il silenzio hanno tutte un valore di messaggio: influenzano gli altri e gli altri, a loro volta, non possono non rispondere a queste comunicazioni e in tal modo comunicano anche loro. Dovrebbe essere ben chiaro che il semplice fatto che non si parli o che non ci si presti attenzione reciproca non costituisce eccezione a quanto è stato appena asserito. L'uomo che guarda davanti a sé mentre fa colazione alla tavola calda affollata o il passeggero d'aereo che siede con gli occhi chiusi stanno entrambi comunicando che non vogliono parlare con nessuno né vogliono che si rivolga loro la parola e i vicini di solito afferrano il messaggio e rispondono in modo adeguato lasciandoli in pace. Questo, ovviamente, è proprio uno scambio di comunicazione nella stessa misura in cui lo è una discussione animata"*[4].

L'impossibilità di non-comunicare è un fenomeno che riveste un interesse più che teorico in quanto ogni comunicazione implica un impegno e quindi definisce il modo

---

[3] La Scuola di Palo Alto prende il nome dalla cittadina della California dove ha sede l'Istituto di ricerca.
[4] Watzlawick E, Beavin IH, Jackson DD (1971) Pragmatica della comunicazione umana. Astrolabio, Roma.

in cui il trasmettitore considera la sua relazione con il ricevitore. Perciò si può postulare che *poiché ogni comunicazione implica un impegno essa definisce la relazione*. È un altro modo per dire che una comunicazione non soltanto trasmette informazione ma al tempo stesso impone un comportamento. Ogni comunicazione ha cioè un aspetto di contenuto e uno di relazione di modo che il secondo attribuisce significato al primo ed è quindi *metacomunicazione*. "Questo è un ordine!" oppure "Sto solo scherzando" sono esempi verbali di comunicazioni sulla comunicazione ma si può esprimere la relazione anche in modo non verbale (gridando, sorridendo, ecc.). La capacità di metacomunicare è una condizione essenziale della comunicazione efficace ed è collegata alla consapevolezza di sé e degli alti.

Comunicazione è quindi ogni manifestazione del comportamento umano, linguistica e non linguistica, verbale e non verbale. Si comunica non solo con la parola o la scrittura ma anche attraverso l'abbigliamento, il comportamento, la gestualità, i sistemi iconici (Fig. 4.1).

Attraverso la comunicazione non verbale (CNV), e in particolare attraverso i gesti, ovvero movimenti ed espressioni del corpo e del viso, il soggetto trasmette, volontariamente o involontariamente, segni capaci di comunicare stati fisici (es.: "sono stanco") o psichici (es.: "che noia"), nonché informazioni, messaggi e comandi relativamente semplici (es.: "stai zitto").

L'insieme dei comportamenti e dei gesti, quali il ritmo della respirazione, la mimica, lo sguardo, il tono della voce, ecc., costituiscono il cosiddetto linguaggio analogico che svolge nei confronti della comunicazione linguistica la funzione di meta comunicazione, ovvero di comunicazione sulla comunicazione linguistica, che dice a chi riceve il messaggio come deve decodificarlo, ovvero che significato deve attribuirgli. La CNV è generalmente usata:
- come sostegno del linguaggio;
- per esprimere emozioni;
- per esprimere atteggiamenti interpersonali;
- per trasmettere informazioni sulla persona;
- nel cerimoniale e nel rituale.

La comunicazione non verbale può coincidere con quella verbale agendo da rinforzo, ma può anche contraddirla creando distorsioni e ambiguità. In questo caso il metalinguaggio prevale sulla comunicazione verbale, in quanto il ricevente capisce il vero significato dell'espressione linguistica attraverso la comunicazione analogica. L'efficacia della comunicazione verbale è strettamente intrecciata alla CNV.

Per Bateson, Watzlawick e gli altri studiosi della Scuola di Palo Alto, la nostra comunicazione è costantemente intessuta di messaggi e di meta messaggi: quando gli uni contraddicono gli altri la comunicazione è distorta. Se chi la riceve è in una situazione di dipendenza (come nel rapporto figlio/genitore) tale da non poter mettere l'emittente di fronte alla sua contraddittorietà, si trova a dover gestire una situazione estremamente difficile che, alla lunga, può provocare vere e proprie psicopatologie. In particolare la schizofrenia – disturbo mentale che comporta una scissione della

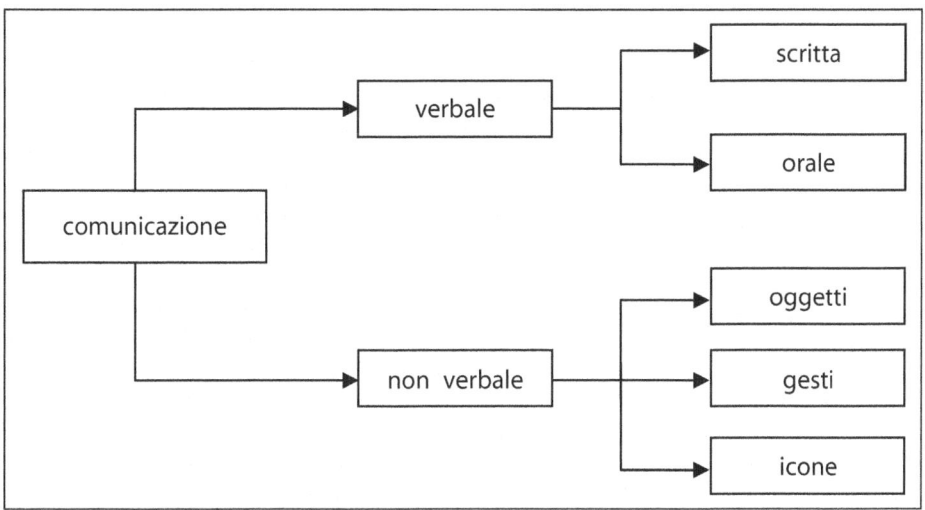

Fig. 4.1. Modalità di comunicazione. Modificata da: Ciacia C (1992)

personalità – sembra spiegabile in riferimento allo stabilirsi di una comunicazione patogena nella famiglia, in cui almeno uno dei membri rivolge a un altro sistematicamente messaggi contraddittori.

Tanto gli atti verbali che quelli non verbali hanno un carattere simbolico e comunicano in modo diverso rispetto ai semplici segnali fisici: per esempio, il rifiuto di stringere la mano. L'importanza dei segnali verbali e non verbali sta nel significato che assumono per chi li invia e per chi li riceve. Uno stesso gesto, come ad esempio un colpo sulla spalla, provoca azioni diverse a seconda che sia inteso come pacca amichevole, provocazione o urto accidentale. Si tratta di ciò che G.H. Mead definisce "gesto significativo" distinguendolo dal gesto automatico. Mentre nel gesto automatico allo stimolo segue immediatamente la risposta, nel gesto significativo la risposta è mediata dall'interpretazione che valuta l'intenzionalità del gesto. Questo processo di "significazione" ha una portata culturale generale, nel senso che l'interpretazione (ovvero la decodifica) di un segno o di un gesto non appartiene alla singola persona ma è comune a un intero gruppo sociale. Attraverso l'interazione sociale le persone appartenenti a una data comunità apprendono il significato dei simboli (o dei gesti simbolici) e è proprio questa conoscenza condivisa dei simboli che consente nell'interazione di comprendere le intenzioni dell'altro e, quindi, di attribuire il giusto significato all'azione. In definitiva, il sistema culturale sviluppato da una determinata comunità oltre a strutturare il sistema di regole sociali forma anche la personalità interiore dei membri della comunità, offrendo conoscenze, pregiudizi, modelli di azione e di manifestazione dei sentimenti. Poiché la cultura costruisce universi mentali e simbolici specifici, ciò comporta che lo stesso atto fisico o verbale possa assumere significati diversi in culture diverse. Anche il contesto in cui ha luogo la comunicazione contribuisce quindi a chiarire la relazione: il significato delle parole e dei gesti varia infatti in funzione del contesto situazionale in cui vengono immessi. Ogni espressione ha, oltre al senso letterale esplicito, anche un significato implicito collegato al sistema socio-culturale in cui avviene la comunicazione.

Il processo di comunicazione

La comunicazione può essere definita come "il trasferimento di informazioni codificate – cioè segni esprimenti o rappresentanti stabilmente un dato oggetto fisico o mentale in base a certe regole – da un soggetto ad un altro, mediante processi bilaterali di emissione, trasmissione, ricezione, interpretazione"[5]. Il processo di comunicazione può essere descritto come un flusso di informazioni che transitano da una Fonte (o emittente) ad un destinatario (o Ricevente) attraverso un Canale (o mezzo). Perché la Fonte possa trasmettere il messaggio attraverso il Canale, occorre un'operazione detta "codifica".

Per esempio, nel caso della trasmissione radiofonica, perché la voce dello speaker possa essere trasmessa per mezzo delle onde radio occorre un'opportuna apparecchiatura (la stazione trasmittente, costituita da microfono, amplificatore, antenna) che trasformi la voce in onde elettromagnetiche e poi un'altra apparecchiatura presso la stazione ricevente che ritrasformi le onde elettromagnetiche in voce (decodifica).

L'atto comunicativo si fonda dunque su sei componenti:
- un emittente, o comunicatore, ovvero il soggetto che emette il messaggio, il quale determina la forma e il contenuto del messaggio. In riferimento al comunicatore, assumono una notevole rilevanza le motivazioni e gli obiettivi che si prefigge e che non necessariamente coincidono con gli effetti prodotti dalla comunicazione;
- un destinatario, ovvero il soggetto al quale il messaggio è diretto. Questo può essere attivo o passivo, a seconda che entri in relazione con l'emittente esprimendo una reazione di consenso, dissenso, conflitto, ecc., ovvero che si limiti a ricevere il messaggio;
- un messaggio che passa dal primo al secondo. Questo può variare non solo in funzione del contenuto e della forma, ma anche in funzione dell'obiettivo: attraverso il messaggio si può trasmettere un ordine, dare informazioni, comunicare idee o progetti, cercare di convincere qualcuno;
- un mezzo attraverso cui questo messaggio passa, che sarà molto diverso a seconda che si faccia riferimento a forme di comunicazione verbale o non verbale. La scelta del "medium" riveste una notevole importanza nell'intero processo di comunicazione;
- un contesto, che è l'universo culturale all'interno del quale l'atto comunicativo avviene e che contribuisce a dare significato alla comunicazione;
- un codice linguistico-culturale che deve essere comune al soggetto emittente e al destinatario, pena la non realizzazione dell'atto comunicativo.

---

[5] Gallino L (1983) Dizionario di sociologia. UTET, Torino.

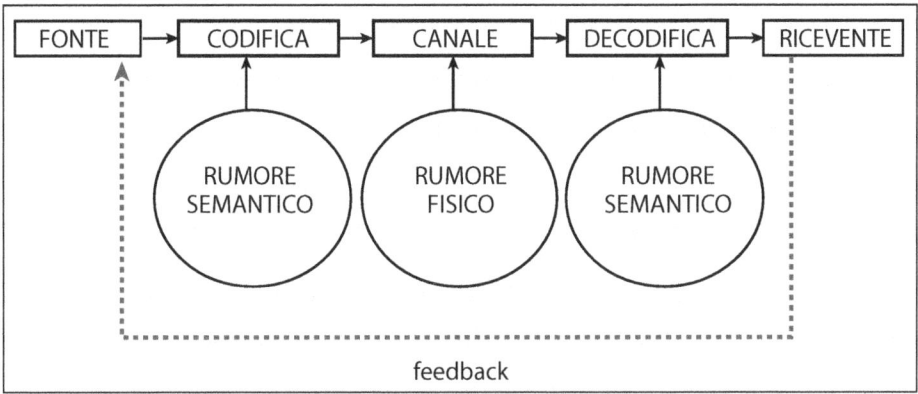

Fig. 4.2. Il processo di comunicazione. Modificata da: Shannon C, Weaver W (1971)

In Figura 4.2 viene riportato uno schema riassuntivo del processo di comunicazione nel quale, oltre agli elementi già considerati, vengono messi in evidenza anche le possibili distorsioni del messaggio (rumore) e il feedback, o informazione di ritorno, attraverso cui il mittente può conoscere la reazione prodotta dal messaggio.

Il "rumore", o *interferenza*, è qualsiasi evento non desiderato che impedisce o limita l'efficienza del processo di comunicazione. Il rumore può essere di tipo tecnico o fisico se deriva da problemi tangibili del mezzo di comunicazione utilizzato, come ad esempio una scarica elettrica durante una trasmissione radiofonica, semantico[6] se deriva da problemi non tangibili relativi al codice utilizzato, come può essere la scarsa chiarezza nelle parole utilizzate dal comunicatore, che influiscono direttamente sul significato del messaggio.

Il rumore semantico è particolarmente critico nell'operazione di decodifica: al Ricevente arrivano una serie di simboli organizzati a cui deve attribuire significato e in questa fase giocano un ruolo determinante il contesto di ricezione del messaggio, le esperienze del Ricevente e più in generale i suoi codici culturali, la sua personalità, le sue percezioni idiosincratiche, il suo intero sistema di attese. Distorsioni ed errori interpretativi sono abbastanza frequenti in questa fase, soprattutto quando l'emittente utilizza un codice "ristretto".

Con i termini "codice linguistico ristretto" e "codice linguistico elaborato" indichiamo due diverse serie di costrutti linguistici che tendono a essere relativamente brevi e semplici o più curati.

Nel primo sistema, la comunicazione, il discorso, pur essendo più semplice e aderente al concreto, è meno esplicito poiché il "parlante" presuppone che chi ascolta lo comprenda. I "significati" trasmessi in questo caso vengono affidati più all'intonazione vocale e alla mimica, piuttosto che alle parole e allo sviluppo logico dei concetti.

---

[6] Semantico deriva dal greco *semaino*, che vuol dire "indico", "significo".

Il codice elaborato, invece, parte dall'esigenza di spiegare e chiarire il più possibile aspetti che potrebbero non essere presenti a chi riceve il messaggio. Esso è quindi più esplicito e affida la propria efficacia al chiarimento dei significati tramite costrutti logici più impegnativi e parole più ricercate.

Nessuno dei due codici è necessariamente più efficace dell'altro: essi sono soltanto "diversi", tipici di classi sociali diverse. In genere, il codice "elaborato" è il più adatto alle trasmissione di informazioni e contenuti, mentre il codice "ristretto" è più efficace per promuovere il contatto sociale fra le persone.

L'"interazione verbale" che si verifica sui codici "diversi" può produrre una serie di difficoltà fra coloro che la praticano: le differenze negli usi linguistici condizionano infatti le possibilità di comunicazione di certi contenuti; l'impiego di un certo codice in ambienti diversi può produrre una serie di simpatie e antipatie. Inoltre, va considerato il fatto che spesso colui che comunica esercita un controllo su ciò che fa e dice, al fine di suscitare false impressioni: la consapevolezza di ciò può condizionare di conseguenza l'interpretazione del comportamento e delle comunicazioni dell'altro. Attraverso la comunicazione ciascuno cerca di produrre sugli altri le impressioni desiderate o conseguire obiettivi specifici. A questo proposito, è importante rilevare che l'immagine che si ha di noi stessi è in gran parte dipendente dal come gli altri ci vedono. Non è facile, però, mantenere un controllo totale su ciò che si comunica: soprattutto i "segnali non verbali" possono svelare, tradire o invalidare gran parte delle nostre comunicazioni. Alcuni segnali non verbali ci inviano notizie sulla personalità dell'interlocutore. Molti "indizi" involontari trasmettono informazioni sul soggetto e suoi ruoli. Nel caso dei segnali manipolati, le informazioni inviate esprimono la maniera in cui il soggetto si percepisce e il modo in cui vuole che gli altri lo vedano.

Il soggetto ricevente è consapevole delle capacità di controllo dell'interlocutore, e spesso tenta di andare oltre le parole cercando di dedurre dal comportamento dell'altro significati non detti o intenzioni. Di conseguenza, gli interlocutori – all'interno della comunicazione – di solito modificano e adattano il proprio comportamento secondo le reazioni dell'altro.

Il comportamento e le reazioni di due persone che interagiscono sono la risultante del modo in cui percepiscono se stesse, la situazione, l'interlocutore, ovvero del tipo di conoscenza che una ha dell'altra. Questa, a sua volta, dipende sia dal comportamento dell'altro, sia dai valori, dalle aspettative e dalla personalità di colui che percepisce o, più in generale, dai diversi modelli culturali propri degli interlocutori.

Durante la comunicazione si può instaurare un "circolo vizioso" di interpretazioni, aspettative e attribuzioni del tutto fuorvianti che possono portare al fallimento della comunicazione e produrre una situazione conflittuale.

Si ha fallimento della comunicazione quando chi comunica non riesce a trasmettere il proprio messaggio all'interlocutore. Alla base dei conflitti sociali si trovano spesso fallimenti di comunicazione, che possono avvenire in modi diversi:
- la comunicazione è stata scarsa o inesistente;
- la comunicazione è stata difettosa, per cui le parole, il comportamento e, quindi, le intenzioni vengono male interpretati;

- la comunicazione può riuscire non soddisfacente, non si è raggiunta la funzione di contatto sociale, di alleviamento dell'ansia, di stimolazione, ecc., che l'uno o l'altro si attendeva.

La comprensione della comunicazione è facilitata dal feedback, ovvero da un altro processo di comunicazione che procede dal destinatario all'emittente, che informa colui che ha inviato il messaggio dell'effetto che questo ha prodotto nel ricevente. Il feedback può essere considerato un controllo della comunicazione: esso in qualche modo fornisce una misura della discordanza tra l'effetto previsto da chi invia il messaggio e quello che viene percepito dal ricevente.

Attraverso il feedback, la comunicazione da unidirezionale si fa circolare e questa circolarità determina interazione tra i soggetti comunicanti, produce tra questi conoscenza interpersonale e consente a ognuno di loro di controllare gli effetti dei propri scambi comunicativi. La differenza tra la comunicazione a una via e la comunicazione a due vie può essere così illustrata: "*siamo nella situazione di un artigliere che mira a un bersaglio al di là della collina, sparando alla cieca nella speranza che tra migliaia di proiettili uno colpisca l'obiettivo. Basterebbe però un osservatore, in grado di fornire informazioni all'artigliere circa l'effetto dei suoi tiri, perché quest'ultimo possa gradualmente dosarli e correggere la propria azione*"[7].

Attraverso i meccanismi di feedback, gli uomini sviluppano e consolidano quei modelli culturali che costituiscono il riferimento *comune* per le operazioni di codifica e decodifica.

Gli stili di comunicazione

Nel processo di comunicazione assume una notevole rilevanza lo stile di comunicazione proprio di ogni soggetto comunicatore. È ormai largamente accertata la profonda influenza esercitata dalla personalità dal punto di vista classico dell'"io", secondo il modello concepito dalla psicologia, da Freud a Jung, da Sullivan a Lang[8]. Esistono tratti della personalità che hanno un effetto positivo o negativo sulla comunicazione. Tratti della personalità quali l'autoritarismo, l'egocentrismo, il dogmatismo vengono a coincidere con le caratteristiche della comunicazione egocentrica, che si distingue per la sua:
- scarsa flessibilità;
- centratura sul ruolo anziché sulla persona;
- mancanza di disponibilità emotiva nei confronti dell'altro.

Gli esiti di questo tipo di comunicazione sono:
- incapacità di rilevare le differenze esistenti tra il proprio codice e quello degli altri;
- impossibilità di decodificare ogni messaggio proveniente dall'altro sulla base del proprio codice.

---

[7] Leavitt HJ (1968) Fondamenti di psicologia per dirigenti. Etas-Kompass, Milano.
[8] Ciacia C (1992) Come preparare e presentare una relazione di lavoro. Pirola, Milano.

	BISOGNI PREVALENTI DEL COMUNICATORE	
DESTINATARI	REALIZZAZIONE	AFFILIAZIONE
CONCORRENTI	Freddo	Affiliativo
SUBORDINATI	Dominante	Affiliativo

Fig. 4.3. Stili di comunicazione. Modificata da: Ciacia C (1992)

La persona che utilizza questo tipo di comunicazione tende a classificare gli individui sulla base di stereotipi. Lo stile di comunicazione che ne consegue risulta rivolto non alla persona ma al ruolo da questa occupato.

Secondo lo psicologo statunitense G.S. Klein, è possibile operare una distinzione delle personalità considerando lo stile cognitivo, inteso come la modalità di base prevalente attraverso la quale ogni individuo organizza i dati che gli provengono dall'ambiente esterno:
- i livellatori, i quali tendendo a organizzare i dati in base alle somiglianze, sfuggono le situazioni caratterizzate da tensioni e conflitti;
- gli accentuatori che, essendo portati a operare delle distinzioni in base alle differenze, sono alla ricerca di situazioni difficili.

Più spesso, analizzando lo stile di comunicazione, si ricorre all'uso del concetto di "bisogni sociali", con riferimento in particolare ai bisogni di realizzazione che si manifestano con la ricerca dell'ottenimento di risultati personali, in contrapposizione ai bisogni di affiliazione, relativi alla necessità di integrarsi nel gruppo di riferimento. Ne consegue (Fig. 4.3):
- nel caso in cui prevale il bisogno di realizzazione: uno stile comunicativo di tipo freddo, orientato all'autocontrollo, quando le persone con le quali si comunica sono potenziali concorrenti; uno stile di tipo dominante se esse rivestono un ruolo subordinato;
- nel caso in cui prevale il bisogno di affiliazione: uno stile di tipo affiliativo, orientato al compiacimento degli altri mediante la ricerca e il ricorso a codici comuni.

Capitolo 5
L'organizzazione

La quinta lezione è dedicata alle teorie e ai modelli dell'organizzazione del lavoro.
I principali paradigmi organizzativi possono essere distinti in (Fig. 5.1):
- *scuola classica*, che può essere a sua volta distinta in *Scientific management* e *Scuola direzionale* e alla quale vengono ricondotti autori quali Taylor, Fayol, Urwick, Barnard, ecc.;
- *scuola sociale*, che può essere a sua volta distinta in *Human Relations* e *Motivazionisti*, a cui vengono ricondotti autori quali Mayo, Likert, Herzberg, ecc.;
- *scuola sistemica*, che a sua volta può essere distinta in *Sviluppo organizzativo*, e *Socio-tecnica*, a cui vengono ricondotti autori quali Greiner, Tennis, Schein, Leavitt, March, Simon, Lawrwnce, Lorsh, Woodward, Emery, Trist, Rice, ecc.

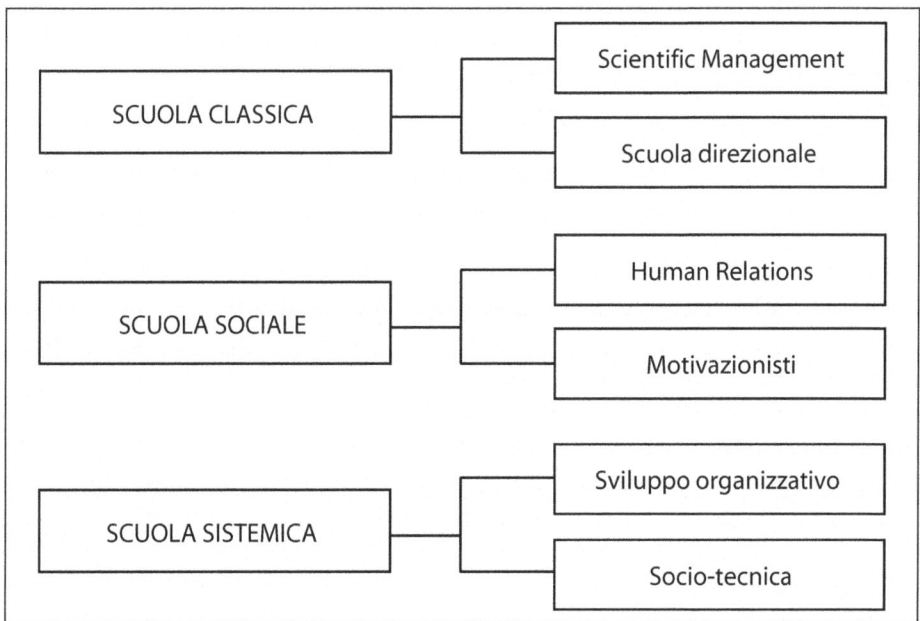

Fig. 5.1. Paradigmi organizzativi

La scuola classica

Lo *Scientific Management* elaborato da Taylor e applicato per primo da Henry Ford, è senza dubbio il paradigma più diffuso e assimilato nella cultura aziendale; esso si è affermato parallelamente allo sviluppo della società industriale, almeno a partire dal 1911[1] e rappresenta ancor oggi, per quanto rivisto e corretto, il modello principale di riferimento per molte imprese.

Tutta l'opera di Taylor è diretta ad aumentare l'efficienza del sistema produttivo superando le improvvisazioni e gli sprechi del lavoro manuale di derivazione artigianale. Per il raggiungimento di questo scopo, Taylor è consapevole della necessità di dar vita a una vera e propria rivoluzione culturale e propone un nuovo sistema di gestione e direzione, definito *Scientific Management*, i cui caratteri distintivi possono essere così riassunti:

- esistenza di *one best way*, una unica via ottimale, universalmente valida per la realizzazione di azioni o la soluzione di problemi di qualunque genere;
- rigida divisione del lavoro, separazione del lavoro intellettuale da quello manuale, dei compiti esecutivi da quelli di programmazione e direzione all'interno di una struttura gerarchica fortemente piramidale;
- studio scientifico dei migliori metodi lavorativi, in rapporto sia alle caratteristiche della macchina, con conseguente trasformazione del lavoro in un compito predeterminato nei tempi e nei modi di esecuzione, standardizzato, prevedibile, interscambiabile, impersonale;
- selezione e addestramento scientifico della manodopera;
- incentivazione esclusivamente di tipo economico, applicazione di tariffe differenziali di cottimo, rilevazione e controllo sistematico della produttività;
- instaurazione di rapporti di intima e cordiale collaborazione, basati anche su un'uniforme distribuzione del lavoro e della responsabilità, tra dirigenti e manodopera.

L'opera di Taylor fu completata, più o meno negli stessi anni, da un altro ingegnere, il francese Henry Fayol[2] che, nel tentativo di raggiungere lo stesso fine (la maggiore razionalizzazione e produttività), condusse la sua analisi in modo opposto e complementare, occupandosi del vertice della piramide e della necessità e possibilità di formare i manager. Fayol distingue le operazioni direttive (programmazione, organizzazione, comando, coordinamento e controllo) dagli altri tipi di attività aziendali (tecniche, commerciali, contabili, di sicurezza, ecc.) e dimostra che quanto più si sale nella scala gerarchica tanto più diminuisce l'importanza della capacità tecnica a favore della capacità direttiva.

Ancora negli stessi anni, il sociologo tedesco Max Weber analizzando l'organizzazione degli apparati amministrativi dello stato, delle istituzioni e delle imprese mette a punto l'idealtipo della burocrazia che vuole rappresentare la forma più razionale per

---

[1] Anno di pubblicazione dell'opera di Taylor FW, The principles of scientific management.
[2] Fayol H (1960) Direzione industriale e generale. Angeli, Milano.

l'esercizio di un'autorità legittima, che consegue gli obiettivi. Le qualità fondamentali del modello burocratico sono:
- la spersonalizzazione, che comporta che le decisioni e le azioni siano affidate a uffici e posizioni, non alle persone come tali. Così, la burocrazia libera le organizzazioni dall'uso arbitrario del potere;
- l'orientamento strumentale ai fini, in base al quale ci si attende che ogni assetto burocratico risponda lealmente e prontamente agli scopi ufficiali definiti nell'ambito istituzionale pertinente;
- la specializzazione, che comporta la suddivisione e attribuzione di compiti e responsabilità in base a requisiti di competenza e capacità professionale;
- la gerarchia, ossia l'esistenza di un ordine gerarchico tra uffici che equilibra il criterio di specializzazione in modo da combinare la ricerca di razionalità con l'esigenza di mantenere il controllo d'insieme e non frammentare troppo la responsabilità;
- la formalizzazione, principio secondo cui la condotta degli uffici si deve fondare su documenti formali, da conservare a testimonianza dell'azione svolta dalle amministrazioni;
- l'oggettività, neutralità, trasparenza; anche questi criteri escludono concessioni all'arbitrarietà dei singoli, ma prevedono che le azioni si ispirino a regole generali di oggettività e conformità. Il funzionario deve trattare tutti secondo le stesse regole e tutti devono poter conoscere le regole generali che ispirano la burocrazia.

Sulla base di tutti questi contributi, la scuola classica tenta di individuare una serie di principi universali, quali:
- *Principio scalare o gerarchico*: in ogni organizzazione i rapporti tra superiore e subordinato devono essere regolati da una scala gerarchica, in modo che l'autorità, la responsabilità, il coordinamento e il controllo fluiscano in una linea chiara e continua dal dirigente al più alto livello fino all'esecutore al più basso livello.
- *Principio dell'unità di comando*: nessun membro di un'organizzazione dovrebbe dipendere da più di un solo superiore perché ciò creerebbe una grande confusione e provocherebbe situazioni conflittuali e una diminuzione della produttività.
- *Principio dell'ampiezza del controllo*: ogni superiore potrà controllare un numero limitato di subordinati perché la supervisione di troppe persone spesso impegna troppo tempo a scapito di altre importanti funzioni.
- *Principio dell'eccezione*: le decisioni che ricorrono frequentemente devono essere ridotte a routine e delegate ai subordinati, mentre devono essere riservate ai superiori solo le decisioni sui problemi più importanti e di carattere eccezionale.
- *Principio di specializzazione*: per assicurare la maggior efficienza produttiva, un'organizzazione deve essere strutturata in modo tale che solo i compiti e le attività simili o direttamente collegati tra di loro vengano combinati per essere eseguiti da un singolo lavoratore o da una singola unità organizzativa.

La scuola sociale

Dopo appena venti anni dalla formulazione dello Scientific Management, in America, grazie al contributo degli psicologi E. Mayo e F.J. Roethlisberger, si afferma il paradigma delle *Human Relations* che, al fine di umanizzare il lavoro, integra i principi della Scuola classica con gli aspetti psicologici e sociali da questa trascurati. Alla base di questo paradigma vi è il convincimento che le componenti psicologiche e sociali hanno un'importanza almeno pari a quelle tecniche nella vita organizzativa degli uomini e che i gruppi informali che si costituiscono spontaneamente all'interno dell'organizzazione hanno un'influenza decisiva sul comportamento dei singoli individui che li compongono[3].

Il pensiero di Mayo e Roethlisberger fu poi approfondito e ampliato da numerosi autori che hanno dato vita al cosiddetto Paradigma motivazionista, fino a contrapporsi nettamente alla Scuola classica. Per i motivazionisti il successo di un'impresa non è più legato alla razionalità della soluzione organizzativa scelta, ma alla possibilità che in essa trovano gli uomini di esprimere le loro capacità e potenzialità, i principi organizzativi classici sono ritenuti incompatibili con lo sviluppo delle qualità necessarie per rendere matura la personalità umana. La specializzazione dei compiti, ad esempio, comporterebbe solo lo sviluppo di poche e superficiali capacità, mentre le altre vengono condannate a una lenta atrofia; il principio scalare, invece, tenderebbe a rendere gli individui subordinati e passivi, privi di ogni capacità di iniziativa. In sostanza, i metodi classici di organizzazione del lavoro condurrebbero a un sottoimpiego delle risorse umane: il lavoratore inefficiente – nella famosa teoria XY di Mc Gregor[4] – non sarebbe causa ma effetto della parcellizzazione, prescrittività e rigidità del lavoro mentre, in condizioni diverse, l'uomo può essere efficiente e soddisfatto del proprio lavoro. Perché i lavoratori possano dare il meglio di sé e contribuire attivamente allo sviluppo dell'azienda occorre innanzitutto assicurare loro la possibilità di una adeguata e continua "crescita psicologica" che, per Herzberg, può essere raggiunta attraverso:
- l'attribuzione di maggiori responsabilità agli individui e l'eliminazione delle costrizioni inutili;
- l'attribuzione di unità complete e naturali di lavoro;
- l'introduzione di compiti nuovi e di maggior impegno intellettuale;
- l'attribuzione agli individui di compiti specifici che permettano di diventare esperti in un campo particolare.

La scuola sistemica

L'approccio sistemico considera l'azienda come un complesso di parti aggregate in modo non casuale, nel quale ciascuna parte dipende dalle altre e le relazioni che le connettono sono descrivibili e comprensibili. L'unità d'analisi non è più l'individuo (come per il taylorismo) o il gruppo (come per le Scuole sociali) ma l'intero sistema

---
[3] Cfr. Capitolo 9, Par. Elton Mayo e gli esperimenti di Hawthorne.
[4] Mc Gregor D (1972) L'aspetto umano dell'impresa. Angeli, Milano.

organizzativo (e i sub-sistemi che lo compongono), non più però considerato chiuso in se stesso, indipendente dai cambiamenti ambientali, ma anzi facente parte di un sistema sociale più ampio dal quale riceve input e al quale trasmette output (Fig. 5.2).

Lo Sviluppo organizzativo (OD – *Organization Development*) focalizza l'attenzione sul mutamento sociale e sulla conseguente necessità per le organizzazioni di adattamento. L'OD, in sostanza, vuole essere "*una risposta al mutamento, una strategia di base molto complessa che si prefigge come scopo il mutamento delle convinzioni, degli atteggiamenti, dei valori, delle strutture organizzative così che esse possano meglio adattarsi alle nuove tecnologie, ai nuovi mercati, alle nuove sfide e alla velocità vertiginosa dei cambiamenti stessi*"[5].

Il paradigma socio-tecnico, basandosi sul principio cardine che considera l'azienda come un sistema "aperto" e, quindi, interagente con l'ambiente esterno di riferimento, pone al centro dell'attenzione la necessità da parte dell'azienda di "controllare" tanto il sistema interno che l'ambiente esterno, curando la coerenza tra questi due. Più in particolare, questi autori sostengono che le variazioni ambientali che un'impresa può tollerare, senza dover subire variazioni strutturali, sono in funzione della flessibilità della sua componente tecnologica e della componente sociale. In definitiva, l'adeguamento dell'organizzazione ai mutamenti ambientali va perseguito creando strutture flessibili capaci di integrare aspetti tecnologici, umani e ambientali.

Nella prospettiva sistemica vengono a crollare le certezze deterministiche proprie della Scuola classica: l'*one best way* viene sostituita dai concetti di contingenza

Fig. 5.2. Modello sistemico

---

[5] Bennis WG (1972) Lo sviluppo organizzativo. Etas, Milano.

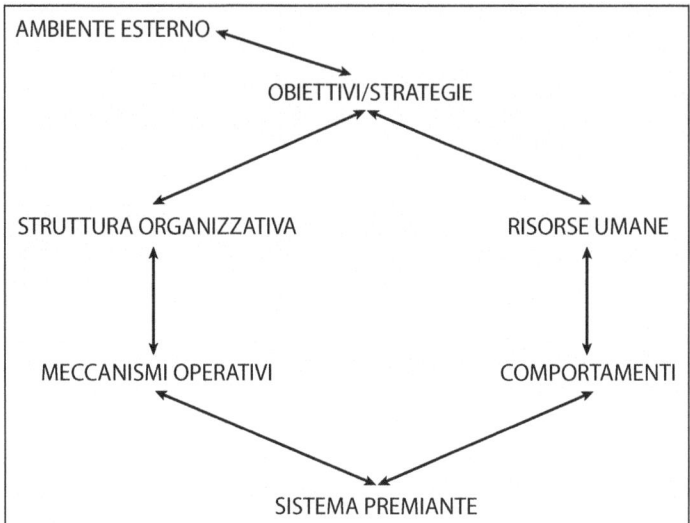

Fig. 5.3. Variabili organizzative

e di coerenza, ovvero dall'idea che non esiste un modello ottimale di organizzazione: questa, piuttosto, deve adeguarsi da una parte al contesto esterno, dall'altra alle caratteristiche dei singoli lavoratori che agiscono all'interno dell'organizzazione stessa, nonché alla componente tecnologica che svolgerebbe un ruolo di mediazione essenziale facilitando il processo di adattamento dell'impresa all'ambiente. Missione, obiettivi e strategie dell'azienda non possono non tener conto delle caratteristiche dell'ambiente di riferimento, in relazione alla maggiore o minore stabilità, turbolenza, complessità, mutevolezza. Struttura e modalità di gestione debbono essere rapportate a queste: come un ambiente tranquillo e prevedibile ha favorito il successo dell'organizzazione burocratica, così un ambiente turbolento e in rapida evoluzione richiede non solo strategie adeguate ma anche una struttura flessibile e tecniche di gestione capaci di liberare e stimolare le capacità innovative e creative dei dipendenti (Fig. 5.3).

I modelli organizzativi

La configurazione organizzativa risulta dal complesso delle modalità attraverso le quali viene effettuata la *divisione del lavoro* in compiti distinti e viene realizzato il *coordinamento* fra tali compiti.

La *struttura organizzativa* rappresenta uno degli strumenti attraverso i quali l'organizzazione cerca di raggiungere gli obiettivi che si è prefissa. Per raggiungere qualunque obiettivo occorre strutturare l'organizzazione in stretta aderenza agli obiettivi stessi, alla situazione e alle condizioni specifiche in cui ci si trova.

Una scelta è corretta se porta a preferire, tra tutte le alternative possibili e note, quella che – compatibilmente con le risorse e i mezzi di cui si dispone – meglio consente di conseguire gli obiettivi considerati. Bisogna tener conto a questo proposito dell'impossibilità materiale di raggiungere la perfezione: non si possono, infatti, conoscere tutte le soluzioni alternative effettivamente possibili e tutte le implicazioni e le conseguenze di tali alternative.

La struttura di un'azienda viene rappresentata graficamente dall'organigramma, che consente una visione immediata e semplificata della sua articolazione.

Gli organigrammi mettono in evidenza:
- l'articolarsi delle varie funzioni nell'ambito della struttura;
- le posizioni e le unità esistenti e la loro collocazione nella struttura;
- i rapporti formali (gerarchici in primo luogo, ma anche funzionali, le linee di comunicazione, le connessioni esistenti).

Le più diffuse strutture organizzative sono:
- Funzionale.
- Divisionale.
- Per progetto.
- A matrice.
- A rete.

Struttura funzionale

Nell'organizzazione funzionale a ogni ruolo di comando corrisponde una funzione presente nel processo produttivo, concepito come un flusso che procede secondo fasi "naturali" (Fig. 5.4).

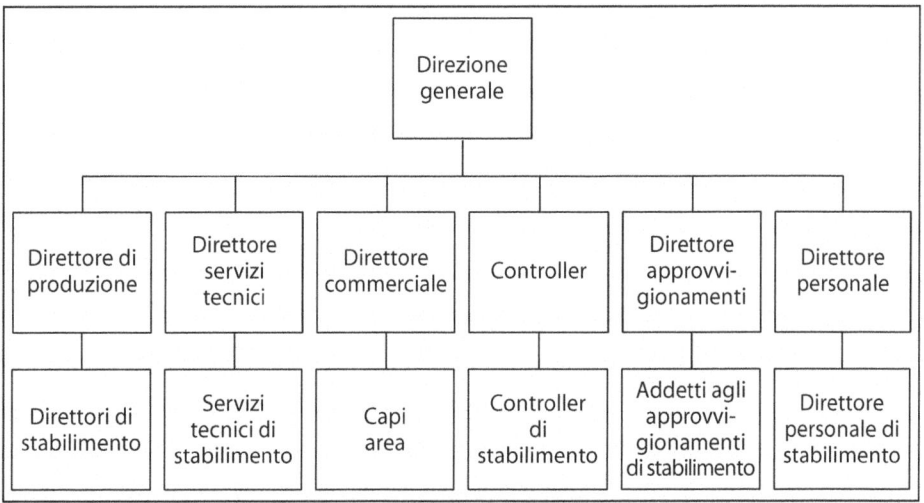

Fig. 5.4. Organigramma tipico di una direzione funzionale. Modificata da: Dale E (1979)

L'accentramento delle decisioni al vertice, la ripetitività e l'analogia delle funzioni affidate ai vari uffici o reparti caratterizzano il modello.

Il coordinamento si fonda principalmente sulla standardizzazione dei processi operativi di lavoro.

Organizzazione divisionale

Nella soluzione divisionale, il raggruppamento delle unità organizzative avviene in base al prodotto o al mercato (Fig. 5.5).

Le divisioni godono di un'autonomia quasi completa nell'assunzione delle decisioni relative ai prodotti-mercati assegnati.

Il principale meccanismo di coordinamento è costituito dalla standardizzazione degli output.

Organizzazione per progetto

Le unità organizzative sono definite in base a singoli progetti che l'organizzazione intende realizzare. Esse hanno una durata limitata, dopodiché i componenti dell'unità organizzativa vengono assegnati ad altri progetti.

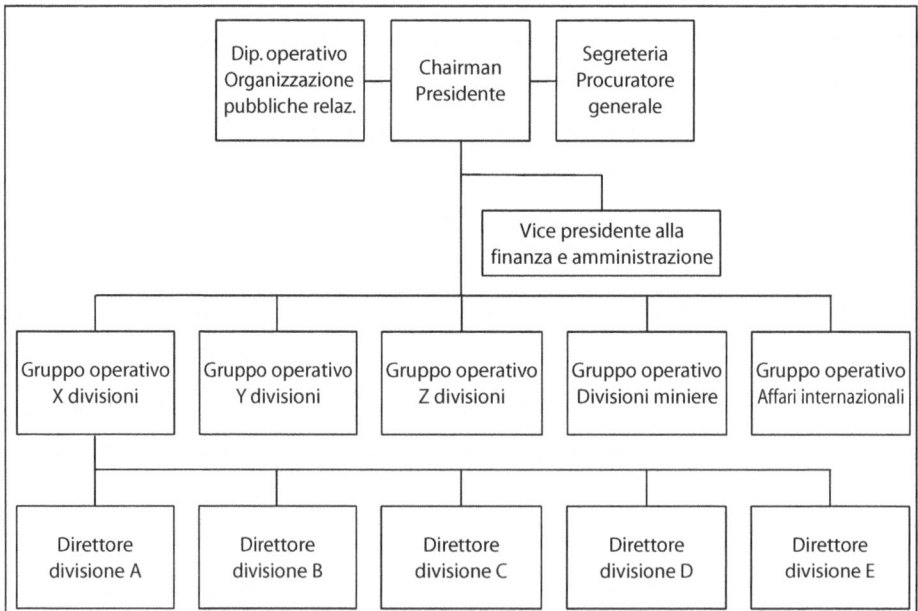

Fig. 5.5. Organigramma tipico di una struttura divisionalizzata. Modificata da: Dale E (1979)

I capi progetto godono di un'ampia autonomia nella gestione delle risorse e nell'assunzione delle decisioni relative ai progetti loro assegnati. La Direzione Generale svolge un ruolo di assistenza, coordinamento e controllo globali.

Organizzazione a matrice

Utilizzando la struttura a matrice l'azienda evita di scegliere una delle forme precedentemente descritte a scapito dell'altra adottandole entrambe (Fig. 5.6).

L'organizzazione a matrice prevede, infatti, la sovrapposizione di una struttura dinamica per compiti non di routine alla struttura istituzionale di routine.

Questo tipo di organizzazione presenta una distinzione marcata tra responsabilità e potere, spesso fonte di tensione.

Il modello per matrice, così come quello per progetto, prevede la presenza di una struttura funzionale e la presenza di una struttura per progetti; mentre però l'organizzazione a progetto si limita a coinvolgere le persone in un solo progetto, per un periodo limitato ma continuativo, al termine del quale rientrano nella struttura di appartenenza, nell'organizzazione a matrice, invece, i vari progetti durano normalmente più a lungo e si cercano di massimizzare congiuntamente sia gli obiettivi istituzionali che quelli di progetto, costruendo una matrice delle responsabilità. Ai vari progetti è preposto un "ufficio di progetto" relativamente stabile con compiti di promozione e di coordinamento. Le risorse umane, quindi, sono coinvolte su uno o più progetti contemporaneamente e ciò consente di aumentare ancora di più la mobilità e la flessibilità rese possibili dall'organizzazione a progetto.

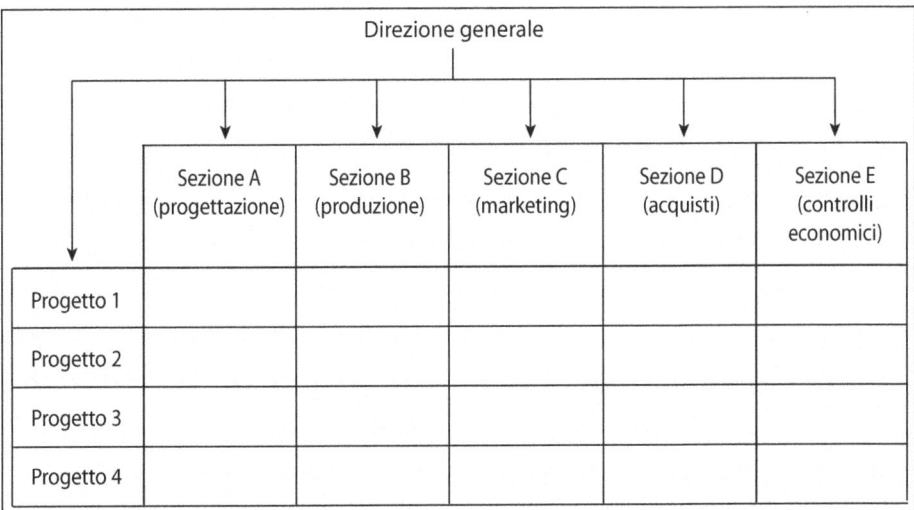

Fig. 5.6. Struttura per progetto e a matrice. Modificata da: Martino F, Sinatra A (1972)

Questo modello ha i suoi vantaggi nella flessibilità e nella mobilità; oltre che nell'uso di personale qualificato contemporaneamente su più progetti.

Per quanto riguarda gli svantaggi, l'uso di risorse umane coinvolte in più progetti acutizza i problemi di logorio e stress dovuti al continuo ruotare dei compiti. Altri fattori di tensione sono dati dalla distinzione sempre più marcata tra responsabilità e potere, dalla duplicità di autorità, dai conflitti tra ottica di progetto e ottica aziendale e dalla contrattazione continua sull'utilizzo del personale.

Organizzazione a rete

L'organizzazione a rete è un sistema di multiple connessioni e strutture entro cui operano "nodi" capaci di cooperare fra loro in vista di fini comuni o risultati condivisi.

In base al contributo offerto dalle teorie organizzative, la rete è definibile come un modello di ordinamento scarsamente gerarchizzato, notevolmente partecipativo e, quindi, basato largamente su "visioni condivise". In una rete organizzativa, i processi decisionali sono preferibilmente di tipo consensuale, tipicamente "orientati alla *mission*" e presentano l'importante caratteristica del collegamento orizzontale (di collaborazione). Questa forma organizzativa è particolarmente adatta per realizzare uno stile manageriale moderno ed efficiente, per gestire processi aziendali che attraversano trasversalmente le diverse aree/funzioni aziendali e per liberare creatività/conoscenza a tutti i livelli.

In particolare, in letteratura si sostiene che una rete organizzativa sia in grado di esprimere, a livello di costi transazionali, una maggiore efficienza rispetto ai modelli tradizionali. Attraverso un'impresa-rete, infatti, è possibile ottenere minori costi di produzione e di coordinamento grazie allo sfruttamento di consistenti economie di scala accompagnate da un'alta flessibilità produttiva.

Nell'impresa a rete possono convivere strutture diverse ed eterogenee (funzionali, a progetto, ecc.). Ma anche tra reti è possibile individuare delle forti distinzioni, a seconda dei diversi meccanismi di controllo adottati. In generale è possibile distinguere tre diverse tipologie di impresa-rete (Fig. 5.7):
- Burocratiche *(a base gerarchica)*, in cui è dominante la struttura gerarchica interna ma vi sono forti relazioni di influenza e negoziali con altre imprese medie e piccole (es.: grandi imprese con un alto livello di decentramento); in cui i meccanismi di coordinamento sono basati su norme, procedure/programmi, autorità e supervisione (es.: associazioni di categoria, federazioni, associazioni orizzontali tra imprese, consorzi); in cui la burocrazia si combina con un contratto di scambio obbligativo o con un contratto di associazione (es.: franchising, licensing, sub-contracting, sub-appalto).
- Proprietarie *(a centro di gravità concentrato)*, in cui un'unica "agenzia" strategica ha prevalenti relazioni di influenza e negoziali verso i componenti della rete (es.: sistemi regolati da holding finanziarie); in cui gli accordi di collaborazione sono a elevata complessità e a elevato tasso di conflitto di interessi (es.: joint venture, venture capital); in cui c'è condivisione degli utili senza che vi sia proprietà congiunta (es.: associazioni in partecipazione).

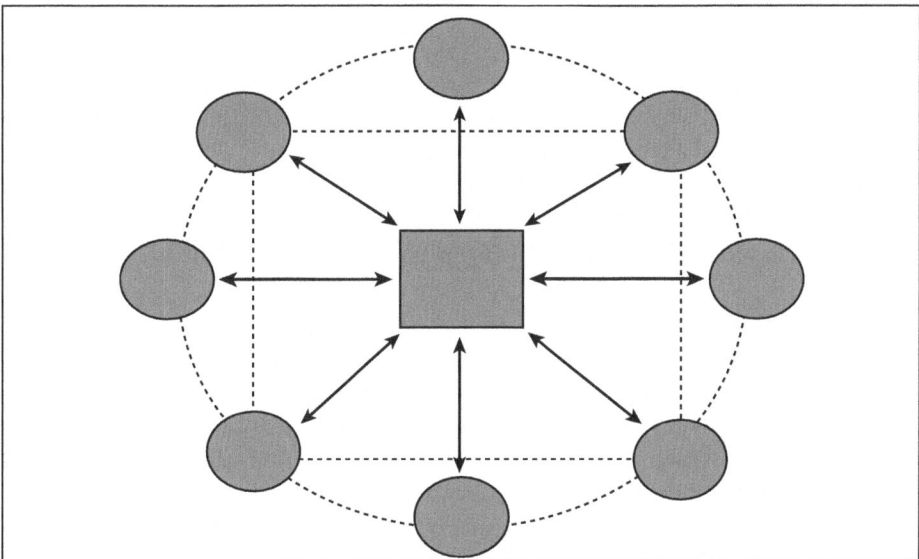

Fig. 5.7. Esempio di struttura a rete di tipo proprietaria

- Sociali (*senza centro*), in cui i meccanismi di coordinamento sono basati su: reti di legami informali, a livello individuale e/o organizzativo, comunanza di valori, legami diretti o indiretti, legami deboli o forti, fiducia e reciprocità, scambio e condivisione di informazione. I rapporti contrattuali orizzontali o verticali utilizzano meccanismi propri del clan (es.: distretti industriali). La cooperazione è fondata su processi congiunti ad alta incertezza, la collaborazione è ricercata a livelli di complementarietà (accordi orizzontali con imprese non concorrenti).

In Italia si è sviluppato il peculiare fenomeno dei distretti industriali che si è manifestato come rete di imprese su base territoriale che caratterizzano una ristretta zona geografica per la produzione di uno specifico bene o insieme di beni appartenenti a uno stesso settore merceologico. È il caso dei distretti, soprattutto manifatturieri, come quelli ormai ben noti di Biella (mobiliero), Prato (tessile), Santa Croce (conciario), Città di Castello (grafico-cartotecnico), Sassuolo (piastrellistica), Castel Goffredo (calzetteria femminile), Pesaro (mobiliero), Barletta (calzaturiero), che connotano un'area regionale sotto il profilo economico (sulla base di una specializzazione produttiva) e sotto il profilo sociale (in virtù dell'impatto che tale sistema ha sul territorio).

Il cambiamento organizzativo

I profondi mutamenti verificatisi negli ultimi anni nel sistema sociale richiedono mutamenti altrettanto radicali nell'organizzazione del lavoro. I seguenti metodi or-

ganizzativi dello *Scientific management*, pensati per la grande fabbrica manifatturiera, si rivelano del tutto inadeguati quando vengono applicati alle aziende moderne:
- *standardizzazione* dei prodotti, dei mercati, dei gusti, dei prezzi, dei linguaggi, ecc.;
- *specializzazione* dei compiti, divisione del lavoro, parcellizzazione delle mansioni;
- *sincronizzazione* dei tempi, del lavoro, del divertimento;
- *concentrazione* demografica, produttiva, energetica, ecc.;
- *centralizzazione* del potere, della cultura, ecc.;
- *massimizzazione* delle risorse attraverso la produttività, l'efficienza, l'economia di scala.

Per far fronte alla crescente complessità sociale, le organizzazioni – pubbliche e private – si stanno impegnando da anni in uno sforzo di flessibilizzazione e dinamicizzazione che comporta una riprogettazione di procedure, ruoli e mansioni e una diversa configurazione del rapporto individuo-gruppo. La ricerca di una nuova organizzazione del lavoro si manifesta sostanzialmente attraverso due approcci[6].

Il primo, di tipo individuale, tende tramite nuove forme di *job design* (rotazione, allargamento e arricchimento dei compiti), a modificare caratteristiche e contenuti dei compiti svolti dal singolo operatore. L'obiettivo è quello di aumentare la produttività, la motivazione, la comprensione del significato del lavoro, l'autorealizzazione dei dipendenti, riducendo la monotonia, la ripetitività, la noia.

Il secondo, di natura più sociale, sposta l'attenzione dai contenuti intrinseci di un compito svolto individualmente o isolatamente da singoli operatori, sull'ambiente, sulle relazioni interpersonali all'interno dei gruppi di lavoro. Questo approccio parte dal presupposto che il lavoratore tende a realizzarsi attraverso i rapporti sociali che si instaurano all'interno del gruppo di appartenenza e si sente gratificato dai risultati che la sinergia tra i componenti del gruppo consente di raggiungere per affermare la necessità di ricostruire un complesso di relazioni di interdipendenza quale precondizione per una effettiva modificazione nella struttura dei compiti che, a sua volta, caratterizzerebbe il cambiamento organizzativo nel suo complesso.

Le più recenti evoluzioni dell'approccio sociale, coniugate con le potenzialità offerte dalle nuove tecnologie dell'informazione e della comunicazione, e in particolare dai nuovi modelli web 2.0 e 3.0 e con la diffusione dei "social network", hanno portato alla definizione di un nuovo modello di sviluppo completamente diverso da quello industriale, in cui la collaborazione tra individui e gruppi, potenziata dalle reti tecnologiche, si dimostra più efficace del classico concetto di competizione[7].

---

[6] Bonzanini A (1984) Individuo e gruppo. In: De Masi D, Bonzanini A (a cura di) Trattato di sociologia del lavoro e della organizzazione. La ricerca. Angeli, Milano.
[7] Panzarani R (2009) Innovazione e business collaboration nell'era della globalizzazione. Edizioni Palinsesto, Roma.

Capitolo 6
I gruppi

Questa lezione è dedicata al piccolo gruppo, all'analisi delle sue caratteristiche costitutive, dei ruoli, delle dinamiche che si manifestano tra i membri del gruppo. Particolare attenzione viene dedicata al gruppo di lavoro e ai gruppi creativi.

Tipologie di gruppi

Possiamo definire il gruppo come un "*insieme di individui, non tanto numerosi da precludere la possibilità che la maggior parte di essi si incontrino, seppure in modo saltuario, in uno spazio abbastanza limitato da consentire eventualmente a ciascuno di conoscere gli altri ed essere da loro conosciuto, tra i quali si sono stabiliti, di persona o a distanza, spontaneamente o per costrizione esterna, processi di interazione sociale – necessariamente fondati su forme di comunicazione – relativamente intensi e durevoli, sulla base di interessi strumentali, affettivi o morali, derivanti da una o più qualità comuni, quali la professione, il genere di lavoro, il settore o il luogo d'occupazione, l'affiliazione religiosa o politica, lo status economico o giuridico, l'attaccamento ad una località o a un'idea; qualità che non di rado sono possedute pure da altri individui della stessa società, tra i quali tuttavia, mancando certi fattori che determinano la formazione dei gruppi, non si sono stabiliti, o non si sono consolidati, i predetti processi interattivi*"[1].

Questa definizione consente di operare una netta distinzione tra gruppo e altre forme di aggregazione di individui, più o meno ampie, formalizzate e organizzate, quali associazioni, istituzioni, organizzazioni, massa, moltitudine, folla.

Per *organizzazione* si deve intendere l'entità concreta nella quale viene svolta una attività diretta di proposito a stabilire, mediante norme esplicite, relazioni relativamente durevoli tra un complesso di persone e di cose in modo da renderlo idoneo a conseguire razionalmente uno scopo. Sono tipiche organizzazioni le imprese industriali e commerciali, le banche, le società di assicurazione.

Viene comunemente indicato con il termine di *istituzione* un gruppo organizzato che svolge funzioni socialmente rilevanti e, in quanto tale, è valutato positivamente

---

[1] Gallino L (1983) Dizionario di sociologia. UTET, Torino, p 339.

da vari settori della società, i quali gli forniscono legittimazione ideologica, sostegno politico e risorse economiche (ad esempio: scuole, ospedali, amministrazioni locali, sindacati, ecc.). Ne consegue che tutte le istituzioni sono organizzazioni, mentre non è vero il contrario.

Per *associazione* si intende, invece, quella collettività che sia costituita volontariamente dalla base (ad esempio, un circolo culturale), oppure istituita autoritativamente dall'alto (ad esempio, un ordine professionale), realizza l'intento di conseguire per mezzo di una stabile presenza e attività collettive, assicurate almeno in parte da forme di organizzazione, uno o più scopi che esorbitano dalla capacità di prestazione dei singoli individui interessati a conseguirlo.

La *massa* è un aggregato scarsamente organizzato di un numero vasto e indefinito di persone, con un'unica distinzione funzionale tra chi guida e chi è guidato. Non è fisicamente riunita in uno stesso luogo, ma si riferisce a mode, opinioni, ecc.

La *moltitudine* è un aggregato disorganizzato e casuale di un numero indeterminato di persone che non hanno nessun rapporto emotivo pur stando l'una accanto all'altra. Al massimo hanno in comune il modo di percepire la realtà a loro esterna.

La *folla* è invece costituita da un gran numero di individui che si trova in un posto x senza alcuna intenzionalità.

Il gruppo si distingue, quindi, dalle altre aggregazioni per il fatto di avere uno o più scopi ma di non averli formalmente inseriti in uno statuto – come fanno tipicamente le associazioni restando così assai più flessibile dinanzi ad essi; di essere abbastanza solidale da poter agire in direzione di uno scopo, o nei rapporti con l'esterno, come un soggetto unitario, senza peraltro che la solidarietà dei membri sia sostenuta, legittimata e in una certa misura imposta da valori e norme diffuse nella società, come avviene con le istituzioni; di essere internamente differenziato in termini di autorità e di funzioni, ma non tanto da aver bisogno di regole formalmente codificate, come un'organizzazione; di essere infine meno numeroso e molto più integrato di una massa, di una moltitudine o di una folla.

Una volta chiarito cosa si intende per gruppo, è utile e necessario distinguere i diversi tipi di gruppi, in base a differenti tipologie utilizzate.

Innanzitutto i gruppi vengono distinti in base alle loro *dimensioni*. In questo caso, utilizzando un'accezione più ampia del termine gruppo, organizzazioni, istituzioni, associazioni, masse, moltitudini e folle vengono considerate tutte gruppi di grandi dimensioni, più o meno organizzate e strutturate al loro interno; e, in quanto tali, vengono contrapposte ai *piccoli gruppi*, ovvero a quelle formazioni sociali organizzate, composte da un numero ristretto di persone, aventi tra loro reciproci rapporti affettivi, intellettuali ed operativi.

Altra distinzione utile è quella tra gruppo primario e gruppo secondario:
- Il *gruppo primario* è composto da pochi membri con relazioni dirette e personali di ciascuno di essi con tutti gli altri, determinando così una sensazione affettiva di appartenenza in termini quotidiani. Il termine "gruppo primario" è stato coniato da Charles Cooley che l'ha applicato alla famiglia, gruppo primario per eccellenza.

- Il *gruppo secondario* è composto da molti membri con relazioni indirette che comportano una conoscenza globale o vaga degli altri, determinando così una sensazione "cognitiva" di appartenenza ("io so che lavoro nell'impresa x, che abito nella città y, ecc.") con un'accentuata incidenza di comunicazioni indirette (telefonate, e-mail, ecc.) o attraverso intermediari. Ciò, comunque, non esclude l'eventualità che le persone facciano amicizia e formino dei gruppi primari anche sul lavoro, a scuola o all'interno di altri gruppi secondari.

Importante è anche la distinzione tra gruppi strumentali e gruppi espressivi:
- I *gruppi strumentali* sono quelli che si formano per eseguire uno specifico lavoro che sarebbe difficile o impossibile svolgere in maniera autonoma. Ne sono esempi un'équipe di chirurghi, una squadra di muratori e così via.
- I *gruppi espressivi* invece si costituiscono in maniera spontanea con l'obiettivo di soddisfare il bisogno di accettazione, stima e dipendenza dei propri membri. Un gruppo di amici ne è l'esempio più tipico.

Non vi sono però dei confini ben definiti tra questi ultimi due tipi di gruppi: spesso i gruppi strumentali svolgono anche funzioni espressive e i gruppi espressivi, per contro, sono in qualche misura anche strumentali in quanto hanno per scopo il piacere della compagnia umana.

I gruppi vengono ancora distinti in:
- *naturali o artificiali,* dove per naturale si intende il gruppo in cui vi sono relazioni spontanee, di fatto o perché radicate nel contesto socio-ambientale; mentre è artificiale il gruppo il cui motivo di costituzione è generalmente estraneo alla volontà diretta dei membri;
- *temporanei o durevoli,* a seconda della durata o persistenza del gruppo stesso.

Un'ultima distinzione utile è quella tra *gruppo di appartenenza* e *gruppo di riferimento*. Del primo il singolo fa parte con un ruolo prevalentemente funzionale (es. rappresentante sindacale in un comitato negoziale; direttore di banca nella sua filiale); dal secondo il singolo – che ne faccia direttamente parte o no – trae i suoi valori, principi e fini (es. rappresentante sindacale nel proprio sindacato; direttore di banca nella sua famiglia; individuo affascinato dai valori dei marines). Bisogna tener presente che tra questi due gruppi vi può essere:
- incompatibilità assoluta, implicante angoscia e nevrosi;
- compatibilità relativa, con tentativi (instabili) d'integrazione;
- compatibilità assoluta.

Il piccolo gruppo

Il piccolo gruppo è stato oggetto di molti studi e riflessioni, di esso sono state date, conseguentemente, innumerevoli definizioni, ognuna delle quali ha posto l'accento più su una caratteristica che su altre. Il piccolo gruppo risulta così, di volta in volta, definito come:

- un aggregato umano di proporzioni limitate nello spazio e nel tempo, caratterizzato da una serie di relazioni reciproche faccia-a-faccia determinate da fattori psichici, sociali, ambientali e tendenti a un obiettivo comune[2];
- un'associazione di persone tra le quali vi è un'interazione prolungata, con partecipazione di appartenenza comune (proprio gruppo "x", distinto dal "non-x") con scambio affettivo, con cooperazione finalizzata e con una struttura normativo-regolamentare[3];
- un insieme di persone consciamente o meno interdipendenti con obiettivi individuali collegati in uno comune[4];
- un insieme dinamico costituito da individui che si percepiscono vicendevolmente come più o meno interdipendenti per qualche aspetto[5];
- un insieme limitato di persone che, per un periodo di tempo significativo, attiva relazioni faccia-a-faccia, sviluppa bisogni interdipendenti e assume coscienza dell'interazione. È un sistema[6].

A partire da queste definizioni è possibile trarre una definizione sintetica e alcune considerazioni generali.

Si intende per piccolo gruppo un insieme di persone (da un minimo di tre a un massimo di trenta) tra le quali si hanno una serie di relazioni faccia-a-faccia prolungate nel tempo, determinate da fattori psichici, sociali e ambientali e tendenti ad un obiettivo comune (o interdipendenti).

Si può osservare innanzitutto che il numero dei membri varia tra un minimo al di sotto del quale non scattano le dinamiche di piccolo gruppo e un massimo al di sopra del quale il piccolo gruppo è altra cosa e non esprime i vantaggi auspicati. Allo stesso tempo, va considerato – come notava K. Lewin – che il gruppo è qualcosa di più o, per meglio dire, qualcosa di diverso, dalla somma dei suoi membri. In altre parole, per il piccolo gruppo vanno considerati alcuni principi della "*Gestalt*":
- l'insieme vale più della somma delle parti;
- l'intreccio relazionale delle parti ha uguale capacità di condizionamento (del comportamento dell'insieme) di quella espressa dalla composizione delle parti;

integrati ad alcuni principi della "*teoria dei sistemi*":
- interazione costante del gruppo con l'esterno e con altri gruppi;
- suddivisione interna in sottosistemi[7].

Proviamo ad applicare quanto detto al più tipico piccolo gruppo: la famiglia. La famiglia costituisce il gruppo più facilmente distinguibile, nel senso che non si pone il problema della identificazione e delimitazione dei suoi membri. Le attività di gruppo sono decisamente ordinate e interdipendenti, ovvero sono dirette dall'uno all'al-

---

[2] Amerio P, Borgogno F (1975) Introduzione alla psicologia dei piccoli gruppi. Giappichelli, Torino.
[3] Novara F, Rozzi RA, Sarchielli G (1983) Psicologia del lavoro. Il Mulino, Bologna.
[4] Maccio C (1983) L'animatore dei gruppi. La Scuola, Brescia.
[5] Minguzzi GF (1973) Dinamica psicologica dei gruppi sociali. Il Mulino, Bologna.
[6] Pollo M (1990) Il gruppo come luogo di comunicazione educativa. Elle Di Ci, Torino.
[7] Truini D (1990) Guida alla comunicazione interpersonale di gruppo. Angeli, Milano.

tro e hanno conseguenze l'uno per l'altro. Il sistema non può perciò essere descritto semplicemente come la somma dei rapporti tra i singoli, essendo di regola il rapporto tra A e B in funzione dei rapporti di A (e B) con C, D e così via. Nella famiglia vi è una chiara divisione del lavoro e, conseguentemente, chiare linee di autorità; ciascuno dei membri è occupato in particolari attività e si trova in un dato rapporto con le attività degli altri. Ad esempio, nella maggior parte delle comunità agricole il figlio maschio lavora col padre nei campi, mentre la ragazza aiuta la madre nei pressi della casa. La vita del gruppo è un flusso costante di azioni e di reazioni nel quale i componenti hanno funzioni ben determinate.

Questo ordine di attività è, al tempo stesso, un sistema di controllo e di autorità e un sistema di rapporti sociali e di sentimenti. I componenti entrano in reciproci rapporti sulla base di determinati sentimenti, che però le particolari forme di interazione modificano o consolidano.

La famiglia, oltre a un gruppo a sé stante capace di produrre regole e sentimenti suoi propri, è anche un sottogruppo all'interno della comunità: le regole e i sentimenti che la reggono provengono in parte da questa. I valori familiari possono trovarsi in accordo con le regole e i valori socialmente stabiliti, ma possono anche essere in conflitto con questi; possono esserne influenzati ma possono anche, in una certa misura, influenzarli. Il sistema familiare sussiste in un ambiente che esercita su di esso delle forti pressioni, sufficienti a distruggere un equilibrio esistente o a modificarlo, come è dimostrato dai passaggi avvenuti storicamente da una forma familiare a un'altra[8].

Per quanto la famiglia si diversifichi in modo sostanziale da altri gruppi, le caratteristiche di cui abbiamo fatto cenno si possono trovare in qualsiasi gruppo che sopravviva come unità.

Gruppo di lavoro e lavoro di gruppo

Il gruppo di lavoro, assieme al nucleo familiare e alla classe scolastica, rappresenta il più importante e studiato esemplare di piccolo gruppo. All'interno di esso troviamo tutti gli elementi essenziali di un sistema sociale: l'interdipendenza della collaborazione e la divisione del lavoro, scopi e norme comuni e anche processi di controllo e di comando.

Il gruppo di lavoro è da molti autori considerato come il *luogo naturale dell'organizzazione*, dove si esprime in modo più rilevante (anche se non esaustivo) il modello relazionale. I fattori fondamentali che, in questo caso, caratterizzano il gruppo di lavoro sono:
- la "struttura sistemico-organicistica", per la contemporanea e paritetica presenza di funzioni diverse;

---

[8] Asch SE (1981) Psicologia sociale. Sei, Torino.

- il "meccanismo d'interazione", che lega in uno stretto rapporto relazionale le diverse parti, ma che può anche divenire fonte di conflitto tra esse;
- la "funzione di coordinamento", essenziale per il buon funzionamento produttivo del gruppo.

Questi tre fattori possono essere più sinteticamente definiti come: finalità, dinamica e animazione del gruppo[9].

Per altri scienziati sociali[10] il gruppo di lavoro è uno tra i modelli di organizzazione del lavoro, in quanto inteso come insieme di formule per l'attribuzione di una responsabilità collettiva a diversi lavoratori per lo svolgimento di un certo tipo e numero di operazioni e il controllo del risultato operativo.

Ancora, per gruppo di lavoro in senso stretto, si intende il gruppo il cui obiettivo è quello di compiere un lavoro (fabbricare un oggetto, intervenire su un qualcosa di reale al di fuori del gruppo, trovare la soluzione di un problema sottoposto a un gruppo). Che si tratti di lavoro manuale o di un lavoro di riflessione, si tratta in ogni caso di realizzare un'impresa concreta, di trovare una soluzione esatta a dei dati problematici forniti da un'autorità esterna, o imposti dalle circostanze dell'esistenza del gruppo[11].

Infine, si possono riscontrare due opposte strategie di funzionamento del gruppo di lavoro:
- quella coercitiva, tipica del modello "pater familias", per cui il potere viene attribuito a un individuo che lo esercita autoritariamente per ottenere contributi lavorativi dagli altri membri del gruppo. È la strategia più comunemente usata nelle aziende tradizionali.
- quella persuasiva che pone maggiore attenzione agli aspetti sociologici e psicologici e si basa sullo sviluppo della formazione e dell'informazione. In questo caso, i rischi maggiori sono costituiti dalla possibilità di manipolazione e dall'ideologizzazione.

Il passaggio dall'individuo al gruppo costituisce nelle organizzazioni il più importante distacco dalla tradizione *tayloristica* e il superamento della divisione sia tecnica che sociale del lavoro ad essa legata. Al contrario, proprio l'assenza della dimensione di gruppo, l'unica capace di affrontare gli effetti prodotti dalla parcellizzazione delle mansioni, costituisce il limite principale dell'approccio individuale.

La ristrutturazione organizzativa basata sui gruppi di lavoro non ha solo l'effetto di migliorare le motivazioni e la partecipazione dei propri componenti ma, segnando il passaggio da sistemi che si fondano sulla mansione individuale, la suddivisione del lavoro, l'unicità di comando, la monetizzazione spinta, l'obiettivismo organizzativo e così via, a sistemi più flessibili e adattivi in cui i gruppi di lavoro costituiscono lo strumento principale per superare l'unidimensionalità dei rapporti, la subordinazione passiva, l'alienazione o la falsa antitesi tra organizzazione e creatività,

---

[9] Truini D (1990), *op. cit.*
[10] Bruscaglioni M, Spaltro E (1989) La psicologia organizzativa. Angeli, Milano.
[11] Mucchielli R (1990) La dinamica di gruppo. Elle Di Ci, Torino.

diventa uno strumento capace di liberare le potenzialità soggettive, con tutte le conseguenze che ne derivano in termini, ad esempio, di riprogettazione dei ruoli individuali, degli strumenti di controllo e coordinamento e della struttura organizzativa nel suo complesso.

Stili di leadership

Molte ricerche mostrano in maniera chiara l'importanza del leader per il successo di un gruppo o di una organizzazione; molti studiosi hanno approfondito lo studio delle caratteristiche del leader e hanno analizzato le diverse modalità di conduzione di un gruppo, evidenziando l'opposizione tra capo "autocratico" e capo "democratico".

Il capo democratico si riconosce dal fatto che tiene un atteggiamento positivo nei confronti dei membri del gruppo, che prova per loro sentimenti positivi e non possessivi. Egli guida il gruppo invece di servirsene a fini personali; utilizza l'adesione creata dal coinvolgimento e dalla responsabilizzazione per intraprendere azioni che sono condivise dal gruppo e interviene per aiutare il gruppo a crescere e a realizzare gli obiettivi pianificati. Le ricerche di J. Moreno e K. Lewin[12] hanno dimostrato che con una direzione democratica si sviluppano meno tensioni tra i membri del gruppo, non c'è più un capro espiatorio, la collaborazione è maggiore e la produttività del lavoro più elevata. In genere i lavoratori preferiscono un capo democratico perché crea un clima positivo in cui ciascuno può trovare le occasioni per una crescita personale e professionale. Il capo autoritario o riesce a sottomettere i propri dipendenti oppure viene rifiutato e ostacolato.

Lo studio degli stili di leadership e sui problemi che ne derivano (mutamenti organizzativi, processi di comunicazione, dinamiche di gruppo, ecc.) è stato successivamente approfondito da Likert e dai suoi collaboratori (Katz, Kahn, Seashore, Mann, Grench Jr., Lippit, Pelz, Tannenbaum, ecc.). Le ricerche di Likert, durate oltre venti anni, partono dalla constatazione che in molte aziende di successo i comportamenti dei dirigenti si discostano anche sensibilmente dai principi autoritari del management tradizionale e adottano un nuovo stile direttivo, basato su una più aperta e democratica partecipazione dei dipendenti. Questo fenomeno produce nei ricercatori la convinzione che ci sia una relazione fra stili di leadership e successo, misurabile quest'ultimo sulla base della produttività, della soddisfazione dei membri dell'organizzazione, del flusso di comunicazioni. Il modello delle ricerche (Fig. 6.1), basandosi in buona parte sugli studi condotti da K. Lewin e da J. Moreno sulle dinamiche di gruppo, mette in relazione i vari aspetti dell'azione del singolo, del gruppo e dell'intera organizzazione con la produttività. L'uomo viene concepito non solo come "agente economico" ma anche come "agente sociale" e "agente psicologico" e, conseguentemente, viene segnalata l'importanza che i rapporti interpersonali, del gruppo come

---

[12] Lewin K (1965) Teoria dinamica della personalità. Editrice Universitaria, Firenze.

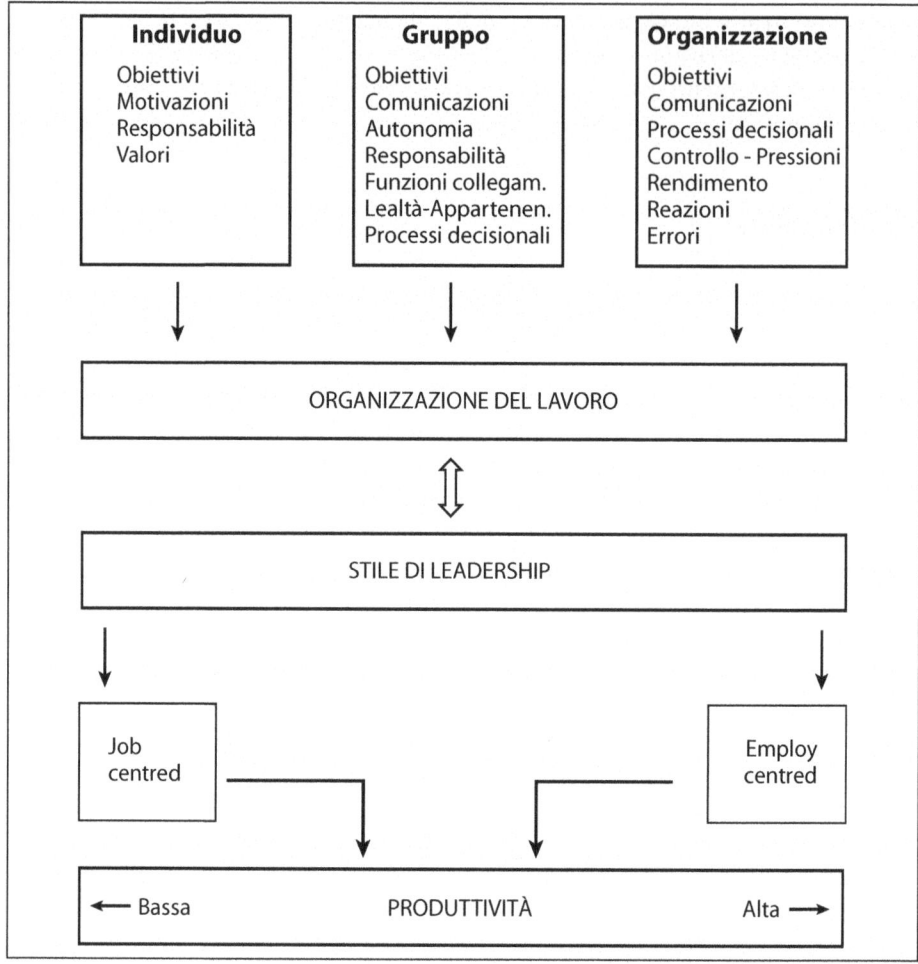

Fig. 6.1. Modello delle ricerche di R. Likert. Modificata da: Scarpitti Brocchieri G (1984)

punto di coesione, hanno nella conduzione di qualsiasi tipo di lavoro o di impresa. Più in particolare, viene ipotizzato che:
- i dirigenti che attuano uno stile di leadership centrato sul dipendente (*employ centred*) hanno un rendimento maggiore (in termini di produttività, costi e guadagni) rispetto a quelli il cui stile di leadership è invece orientato sulla mansione (*job centred*);
- tanto più alti sono gli obiettivi e tanto più la leadership è centrata sui dipendenti, tanto più elevata è la produttività;
- tanto più è critico o punitivo l'atteggiamento del capo tanto più è bassa la produttività;
- tanto è maggiore la pressione per il rendimento tanto minore è la produttività.

Le tecniche usate per la raccolta dei dati e la verifica delle ipotesi sono essenzialmente le interviste su campione, gli esperimenti controllati sul campo e i metodi dell'analisi statistica. L'intervista su campione (*sample interview*), in particolare, permette di studiare con una certa precisione atteggiamenti e opinioni degli intervistati rispetto al lavoro in generale o ad alcuni suoi aspetti particolari. La misurazione viene effettuata attraverso le scale di atteggiamenti, costruite su una serie di affermazioni (*items*), ad ognuna delle quali è attribuito un punteggio cui il soggetto risponde. Il metodo si articola in diverse fasi:
1. una minuziosa raccolta di affermazioni ritenute coerenti con l'oggetto della ricerca;
2. la presentazione di queste affermazioni a un gruppo di soggetti che, in una scala da 5 a 1 (approvo decisamente, approvo, indeciso, disapprovo, disapprovo decisamente), indicano la loro decisione;
3. la determinazione di un punteggio totale (per ogni soggetto) che si ricava dalla somma dei punteggi parziali ottenuti dalle risposte del soggetto a ogni voce;
4. l'analisi delle varie voci per l'individuazione di quelle più discriminanti.

Il punteggio minimo indica un atteggiamento sfavorevole, quello massimo favorevole.

Attraverso l'esame dei dati raccolti in numerose ricerche empiriche, Likert dimostra, in contrapposizione alla tesi sostenuta dalla *Scuola delle Relazioni Umane*, che la maggiore produttività non dipende esclusivamente dal grado di soddisfazione soggettiva dei dipendenti e dal loro atteggiamento più o meno favorevole nei confronti dell'azienda, ma che, al contrario, la variabile strategica è costituita dallo stile di leadership adottato. Likert individua e mette a confronto quattro tipi di leadership che definisce: autoritario-sfruttatorio, autoritario-benevolo (o paternalistico), consultivo e partecipativo di gruppo. Ognuno di questi modelli presenta un insieme di tratti coerenti sotto molteplici aspetti: motivazioni, comunicazioni interne, processi decisionali, procedure di controllo, caratteristiche generali dei risultati.

Passando dal modello autoritario-sfruttatorio a quello partecipativo si ha una progressiva democratizzazione, un più vasto coinvolgimento dei dipendenti, una maggiore responsabilizzazione e pertanto anche risultati qualitativamente superiori. Ogni impresa dovrebbe quindi, secondo Likert, lavorare per facilitare il passaggio verso il modello partecipativo. Questo passaggio non è però né facile né immediato; esso è al contrario un processo lungo e delicato, e ciò a causa dell'impreparazione sia del management che dei dipendenti. Il processo di democratizzazione di un'azienda si può attuare solo mediante un lungo sviluppo organizzativo che coinvolge tutti i livelli aziendali e che si ripercuote sia sugli atteggiamenti che sulle strutture organizzative. Le organizzazioni, in particolare, debbono ristrutturarsi in modo da favorire una dimensione collettiva e comunitaristica al lavoro dei suoi membri, attraverso i "gruppi di lavoro", formati da membri dotati di un alto grado di rendimento. Per essere efficaci questi gruppi non possono limitarsi ad alcuni settori dell'organizzazione, ma devono diffondersi in senso sia orizzontale che verticale lungo tutta la struttura. Essi devono anche essere reciprocamente collegati mediante i cosiddetti "perni connettori" (*link pins*), cioè membri che fanno parte contemporaneamente di due gruppi gerarchicamente sovrapposti.

Questa parziale sovrapposizione dei vari gruppi garantirebbe, secondo Likert, la possibilità di raggiungere contemporaneamente due obiettivi che in genere sono considerati contraddittori: la specializzazione dei gruppi e la loro connessione grazie a un alto grado di comunicazione e di influenza sia dall'alto in basso che dal basso in alto. Sull'importanza di quest'ultimo tipo di comunicazione, generalmente trascurato in azienda, Likert insiste molto: le comunicazioni non devono limitarsi alla semplice trasmissione di informazioni relative alle aree inferiori o periferiche dell'azienda, ma devono tradursi anche in un'effettiva influenza che i collaboratori subordinati esercitano in aperte discussioni di gruppo sui loro capi. Il capo ideale è quindi quello che riesce a conciliare il rispetto dell'autonomia dei propri dipendenti con continui e collaborativi scambi di idee e che riesce a gestire i momenti di conflitto a fini costruttivi. In altre parole, il sistema organizzativo di gruppo proposto da Likert, al contrario di quello aziendale tradizionale che opera secondo uno schema "uomo a uomo", prevede la soluzione di ogni problema in un'ottica globale, dove le decisioni vengono quindi prese considerando gli interessi di tutti i gruppi di lavoro e di tutti i membri che ne fanno parte.

Molto studiate sono anche le modalità di comunicazione all'interno dei gruppi. Harold Leavitt, attraverso un certo numero di sperimentazioni, ha classificato quattro modelli di circolazione dei messaggi: il cerchio, la catena, la ruota e la Y. La ruota, con un leader al centro, si è dimostrato il modo più efficace di risolvere i problemi, seguito dalla Y, dalla catena e, per ultimo, dal cerchio. Sulla base di tali osservazioni, Leavitt giunse alla conclusione che *"nella nostra cultura, in cui le esigenze di autonomia, riconoscimento e raggiungimento degli obiettivi sono forti, le posizioni che limitano l'indipendenza d'azione (posizioni periferiche) sono prevedibilmente poco soddisfacenti"*[13].

Creatività di gruppo e gruppi creativi

Il gruppo di lavoro non rappresenta soltanto uno strumento per risolvere o attenuare alcuni problemi aziendali, provocati perlopiù dall'organizzazione *tayloristico*-burocratica comune fino a pochi anni fa a pressoché tutte le aziende, pubbliche e private, di grandi o medie dimensioni. In altre parole, il gruppo non rappresenta solo un rimedio a problemi quali alienazione, insoddisfazione, mancanza di motivazioni, spersonalizzazione, scarso senso di appartenenza, e così via. Una siffatta concezione, propria delle prime *human relations,* appare oggi oltremodo riduttiva.

In realtà, oggi, in un contesto altamente differenziato e complesso, in cui l'innovazione si succede a ritmi sempre più vertiginosi, il gruppo rappresenta per molte organizzazioni una necessità[14].

---

[13] Leavitt HJ (1992) Psicologia per dirigenti. ETAS, Milano, p 48.
[14] Arcuri FP, Ciacia C, Giorgilli F (2009) Il gruppo nelle organizzazioni. Palinsesto Editore, Roma.

In primo luogo perché proprio la complessità dei problemi rende indispensabile l'analisi e l'intervento interdisciplinare: essendo le conoscenze specialistiche ormai oltremodo ampie e differenziate, non esiste più la possibilità del singolo scienziato di conoscere tutto di tutto nell'ambito della propria disciplina (con lo sviluppo e l'accumulazione delle conoscenze, ogni disciplina si amplia e si differenzia assumendo la forma tipica di una struttura ad albero, in modo che al suo interno si sviluppano innumerevoli rami, settori e specializzazioni). Poi, anche quando questa condizione fosse realizzabile, la consapevolezza che i sistemi organizzativi uomo-macchina-ambiente non sono esclusivamente meccanici, chimici, biologici, psicologici, sociali, economici, politici o etici, ma che questi aggettivi indicano solo modi diversi di guardare a essi, conduce alla conclusione che ben pochi dei problemi che sorgono all'interno delle organizzazioni possono essere risolti in modo adeguato basandosi unicamente sulle conoscenze e gli strumenti di una sola disciplina.

In secondo luogo, in un momento in cui la capacità innovativa e creativa costituisce la risorsa principale per la sopravvivenza e la crescita di ogni organizzazione, il piccolo gruppo sembra costituire la dimensione ottimale per lo sviluppo della creatività e il gruppo creativo rappresenta il miglior agente di cambiamento all'interno delle organizzazioni; cambiamento che interessa i singoli partecipanti ai gruppi (basti pensare alla riprogettazione dei ruoli), le modalità collettive d'azione (in termini ad esempio di procedure operative o di strumenti di controllo e di coordinamento), l'organizzazione nel suo complesso (in termini, ad esempio, di cultura).

Tutto ciò ci porta a fermare la nostra attenzione sui gruppi creativi e sulle loro caratteristiche e modalità. Il presupposto da cui muoviamo è che ogni individuo è naturalmente dotato di un certo livello di creatività individuale; che tante singole creatività, se rese sinergiche, rappresentano qualcosa più della somma delle diverse individualità; che le modalità organizzative influenzano lo sviluppo o l'annullamento della creatività.

Il gruppo di via Panisperna[15] costituisce una tappa obbligata per chi voglia studiare le caratteristiche dei gruppi creativi. La loro storia è universalmente nota e basta qui ricordarne le tappe essenziali: Fermi nacque nel 1901; a 14 anni, per puro caso, appurò la sua passione per la fisica; a 25 ottenne la cattedra di Fisica teorica all'università di Roma; a 33 anni segnò l'inizio dell'era nucleare scoprendo con quale effetto un fascio di neutroni rallentati può dare origine all'instabilità dei nuclei; a 37 anni ebbe il premio Nobel.

Quando avvenne la grande scoperta, nell'ottobre del 1934, i collaboratori di Fermi erano tutti assai giovani: Franco Rossetti e Carlo D'Agostino avevano anch'essi 33 anni, Emilio Segrè ne aveva 29, Ettore Majorana (che già da qualche tempo

---

[15] De Masi D (1989) Un team di scienziati: Enrico Fermi e il gruppo di via Panispema. In: De Masi D (a cura di) L'emozione e la regola. I gruppi creativi in Europa dal 1850 al 1950. Laterza, Bari.

si era appartato dal gruppo) 28, Edoardo Amaldi 26, Bruno Pontecorvo soltanto 21.

L'intero "progetto", che fu poi coronato dalla sensazionale scoperta, coprì un arco di cinque anni – dal 1929 al 1934 – quasi tutti assorbiti dalle tappe preparatorie; la vera e propria fase di produzione creativa durò solo pochi mesi, dal gennaio all'ottobre 1934. Dopo di che il gruppo, per varie vicende, cominciò a sfaldarsi. Le tappe del lavoro del gruppo possono così essere sintetizzate:
- verso la fine del 1929 fu fissata la strategia del "progetto" e furono assegnati i fondi per le ricerche;
- a partire dal 1930 il gruppo avviò un processo di autoeducazione nel campo della fisica nucleare;
- nello stesso periodo i vari componenti del gruppo si resero noti attraverso pubblicazioni di alto livello;
- nel 1931 alcuni di essi si recarono in vari paesi per frequentarvi i migliori laboratori stranieri e apprenderne le tecniche;
- sempre nel 1931 fu organizzato a Roma un congresso internazionale per richiamarvi i fisici nucleari più famosi;
- nel 1932 furono costruite e collaudate le apparecchiature anche grazie a un cospicuo aumento dei fondi;
- sempre nel 1932 il gruppo poté far tesoro delle grandi scoperte nucleari che altri scienziati andavano realizzando all'estero;
- nel 1933 Fermi pubblicò un saggio fondamentale sulla teoria del decadimento dei raggi beta;
- ai primi mesi del 1934 giunse notizia che in Francia Joliot e Curie avevano ottenuto la radioattività artificiale con le particelle alfa, e Fermi intuì la possibilità di raggiungere risultati ancora migliori per mezzo dei neutroni;
- un finanziamento supplementare di 1.000 dollari permise di intensificare gli esperimenti che in pochi mesi fruttarono una cascata di scoperte, fino a quella fondamentale dell'ottobre successivo.

Il successo scientifico e il riconoscimento internazionale non dipesero certo dal contesto nazionale in cui il gruppo operava – siamo in pieno periodo fascista con un'economia ancora prevalentemente rurale – né dai mezzi materiali di cui disponeva la dotazione economica del gruppo, – grazie alla protezione del fisico e uomo politico (senatore ed ex ministro) Orso Mario Corbino, era dieci volte maggiore di quella generalmente concessa agli altri istituti universitari romani, ma era decisamente modesta rispetto ai finanziamenti di cui godevano i concorrenti stranieri – quanto dall'organizzazione interna e dalla coesione che trasformò una costellazione di studiosi diversi in un solo *team* che redigeva e firmava gli articoli collettivamente, dopo averli inviati, in forma di "preprint", a una quarantina di fisici di tutto il mondo.

Proprio le caratteristiche organizzative costituiscono il tratto saliente del gruppo di via Panisperna; esse rivelano una straordinaria capacità anticipatrice nei confronti di molti degli attributi organizzativi che saranno propri delle organizzazioni post-industriali, quali:

- la dimensione agile del *team*;
- l'affiatamento dei suoi membri;
- il modello di impresa familiare;
- l'interdisciplinarità;
- la capacità di improvvisazione;
- la cura posta nelle pubbliche relazioni.

Il gruppo era composto da sette persone, ognuna delle quali aveva specializzazioni almeno un po' diverse (fisici, chimici, biologi, ingegneri) che però venivano messe a disposizione del gruppo, in modo che ciascun membro, pur conservando la propria specificità, acquisiva man mano la capacità di interagire scientificamente con tutti gli altri. Si consideri che il gruppo costituiva per l'epoca una grossa novità: fino ad allora, infatti, la maggior parte del lavoro veniva fatto da scienziati che lavoravano da soli o, al massimo, con uno o due collaboratori-allievi.

Di questo gruppo, Fermi era il leader indiscusso: era dotato di grande intelligenza, di una riconosciuta eccellenza scientifica, di una genialità non nevrotica, di grande equilibrio e fermezza. Aveva un modo di lavorare che lo portava a ragionare ad alta voce, e così stimolava e faceva agire il gruppo. Tra lui e gli altri scienziati c'era un continuo *feed-back* e le decisioni venivano prese e pianificate assieme, come nel caso dei continui viaggi che venivano programmati nei più importanti laboratori e università d'Europa. Tutti i componenti del gruppo attribuivano una notevole prevalenza ai bisogni di successo scientifico, di convivialità, di gioco, di amicizia, piuttosto che ai bisogni di potere e di denaro.

Nel gruppo regnava la convinzione che l'interesse intrinseco di un lavoro, la partecipazione alle decisioni e l'entusiasmo determinano il successo molto più delle gratificazioni economiche e della carriera. Nonostante gli stipendi fossero relativamente bassi e le prospettive di carriera molto scarse, tutti trovavano tanto piacevole e straordinario il proprio lavoro da non pensare minimamente a procurarsene uno migliore. Il clima, la cultura, la *leadership* del gruppo e la coincidenza molto forte tra gli obiettivi individuali e quelli del *team* nel suo complesso, riducevano al minimo le occasioni di conflittualità.

I momenti formali e informali si intrecciano continuamente nell'organizzazione del lavoro, così la sistematicità e la flessibilità, il lavoro e il gioco. Ricorda Amaldi:

"Non si sarebbe mai pensato che uno potesse arrivare in ritardo. Se nel periodo in cui lavoravamo con Fermi ci diceva: «Riprendiamo il lavoro alle tre», tutti eravamo lì alle tre meno cinque. Non ricordo mai che qualcuno fosse arrivato alle tre e un minuto o addirittura alle tre e venti o alle tre e mezza. Di solito si cominciava a lavorare ben prima delle nove; si smetteva alle dodici e mezza; si tornava alle tre e si andava avanti fino alle sei in maniera molto sistematica. Questo avveniva tutti i giorni. Il sabato si lavorava solo di mattina. Poi, spesso, il sabato stesso o la domenica, si partiva magari per andare in montagna, a volte insieme, a volte in gruppo di due o tre perché non è detto che tutti avessero esattamente gli stessi gusti. Spesso tutti insieme. Il lavoro era molto, molto intenso. Ci prendeva enormemente. Però facevamo le vacanze. Per Natale, per Pasqua, magari per carnevale si andava a sciare. L'estate si face-

vano le vacanze. Non si facevano le cose che ho visto fare a tanta gente – come non rispettare gli orari dei pasti. Questi orari fanno parte della giornata e, se si vuol lavorare efficientemente, si deve essere ben nutriti all'ora giusta. Non era detto che, se si stava facendo una cosa interessante, si rimandava l'ora del pranzo. Il giorno in cui sono stati scoperti i neutroni lenti era verso mezzogiorno, ma alle dodici e mezza siamo andati a mangiare e, come al solito, ci siamo rivisti tutti alle tre. Non si è cambiato orario, non ci siamo messi in stato di eccitazione. Bisogna dire che Fermi era formidabile nel non perdere la testa, nel non sovraeccitarsi anche di fronte ad una cosa molto importante. Restava calmo, tranquillo, sereno, allegro. Però, per lavorare bene, si andava a mangiare: bene, senza esagerare. Si lavorava tante ore giuste, con una grandissima efficienza, ma poi ci si riposava.

Quando vedo la gente che fa queste riunioni senza capo né coda, per ore, tanto fumo per tenersi su, bevono! Da noi era esattamente il contrario. Qualcuno fumava, ma mai in modo concitato. Era come su un campo da tennis! Non è che se uno deve fare una partita difficile si mette a fumare o a bere. Berrà se ha sudato, come quando si mette acqua nel radiatore di una macchina, altrimenti non funziona. Ma, tutto questo, era molto piacevole. Una specie di gioco fatto con spirito di gioco ma, allo stesso tempo, coscienti che non era un gioco fatto per fare, ma una cosa importante. Si faceva in maniera piacevole, in maniera divertente. Questo è il ricordo principale che tutti abbiamo. Certo, dopo due/tre mesi di lavoro così, uno aveva bisogno di andare sette giorni a sciare, senza fare assolutamente niente. Ma, finché serviva, si lavorava molto sodo, senza interruzione. In tanti anni, non siamo mai andati al bar a prendere qualcosa durante le ore di lavoro. Qualunque interruzione avrebbe guastato l'atmosfera di lavoro"[16].

Oltre agli aspetti citati, altri meriterebbero un maggiore approfondimento, come ad esempio, l'attenzione posta all'innovazione dei processi e dei prodotti e alla strumentazione tecnica, o l'importanza attribuita all'addestramento e alla formazione permanente. Se uno sapeva qualcosa più degli altri, magari perché aveva partecipato a un convegno o a uno *stage* presso un laboratorio o un'università all'estero, doveva poi insegnarla a tutti gli altri. In estrema sintesi, come afferma De Masi, più si analizza in dettaglio questa grande avventura del piccolo gruppo di via Panisperna, più emerge la grande modernità della sua organizzazione sia per i suoi aspetti interni, sia per i suoi rapporti con l'esterno. Il fatto stesso che si trattasse di un gruppo, anziché di uno scienziato isolato, costituisce una grande novità nel campo della fisica accademica. All'interno dell'équipe, poi, il processo decisionale era assai diverso da quello – ben più monocentrico e autoritario – vigente a quei tempi negli istituti di ricerca e, in genere, nei luoghi di lavoro. La *leadership* era autorevole e partecipativa al tempo stesso; l'assegnazione dei compiti avveniva per scelta personale; la motivazione era costantemente alta; i conflitti assai rari e mai così forti da compromettere la coesione del gruppo e il raggiungimento dello scopo prefisso. Anche gli strumenti di laboratorio, fino all'ottobre del 1934, non furono mai di uso personale e venivano adoperati indifferentemente da chiunque ne avesse bisogno.

---

[16] De Masi D (1989) Un team di scienziati: Enrico Fermi e il gruppo di via Panispema. *Op. cit.*

Il rapporto interorganizzativo tra il gruppo, la facoltà, il ministero, il CNR, le accademie, gli erogatori di fondi e di borse di studio era molto fluido grazie a Orso Mario Corbino che patrocinava il *team* con l'autorità che gli derivava dall'essere uomo di potere e di cultura insieme, lucidamente consapevole del ruolo della scienza nella nuova società e della genialità di Fermi nella nuova scienza.

Sulla base dei molti casi studiati, si può affermare che la creatività di gruppo è resa possibile, o comunque è facilitata, da quattro diversi fattori: individuali, professionali, socio-organizzativi, leadership.

Fattori individuali, legati cioè alla personalità dei singoli partecipanti:
- forte motivazione all'attività creativa e realizzativa;
- capacità di generalizzazione;
- attitudine a mettere in relazione elementi eterogenei;
- forte coinvolgimento emotivo;
- forte personalità ma non rigidamente strutturata;
- forte senso di appartenenza al proprio gruppo;
- competitività nei confronti dei gruppi esterni;
- spirito d'iniziativa e capacità d'assunzione di responsabilità;
- stima e fiducia negli altri;
- orientamento verso il compito piuttosto che verso la vita extralavorativa;
- capacità organizzativa e di cooperazione;
- disposizione interiore di valutazione;
- propensione al rischio;
- buona tolleranza dell'ansia.

Fattori professionali:
- alta competenza specialistica;
- talento multiplo e molteplicità d'interessi; → curiosità intellettuale; → correttezza professionale; → interdisciplinarietà;
- complementarità e capacità di interazione.

Fattori socio-organizzativi:
- bassa conflittualità all'interno del gruppo;
- elevata autonomia dei singoli;
- flessibilità degli orari e delle procedure di lavoro;
- capacità di sincronismo e puntualità;
- capacità di concentrare le energie di ciascuno sull'obiettivo comune;
- capacità di dimensionare il gruppo in base al compito;
- capacità di reperire le risorse;
- capacità di contemperare la natura affettiva con quella professionale;
- capacità di favorire lo scambio di ruoli e di funzioni;
- ricerca di un ambiente fisico funzionale ed esteticamente bello.

Leadership:
- fortemente orientata sia verso il compito, sia verso il gruppo, sia verso se stessa;
- capace di creare un "clima" sociale positivo;
- carismatica, autorevole e, al tempo stesso, partecipativa;
- capace di "proteggere" il gruppo dalle influenze esterne;
- capace di gestire i conflitti in modo da renderli utili ai fini dell'ideazione, della creatività e della coesione del gruppo.

Capitolo 7
Il metodo sociologico

Quello che distingue la sociologia come scienza dalla riflessione dei fatti sociali è innanzitutto il metodo scientifico. E proprio all'illustrazione del metodo è dedicata questa settima lezione. In particolare si fa riferimento allo schema classico utilizzato per le ricerche conoscitive (Fig. 7.1)[1].

Una volta investito di un determinato problema attinente la società e le relazioni sociali, il ricercatore (o l'équipe di ricerca) procede a una fase più o meno rapida di documentazione e di *scouting* necessaria per impostare meglio il problema, per elaborare un modello della ricerca e per formulare dettagliate ipotesi. Sulla base di queste è possibile scegliere il campione statistico e mettere a punto le tecniche di indagine. Applicando le tecniche al campione sarà possibile raccogliere i dati necessari per la verifica delle ipotesi. La loro elaborazione, spesso assai complessa e ormai effettuata quasi sempre con l'ausilio di sistemi elettronici, permetterà la validazione di alcune ipotesi, la eliminazione di altre, e la stesura del rapporto conclusivo da consegnare al committente.

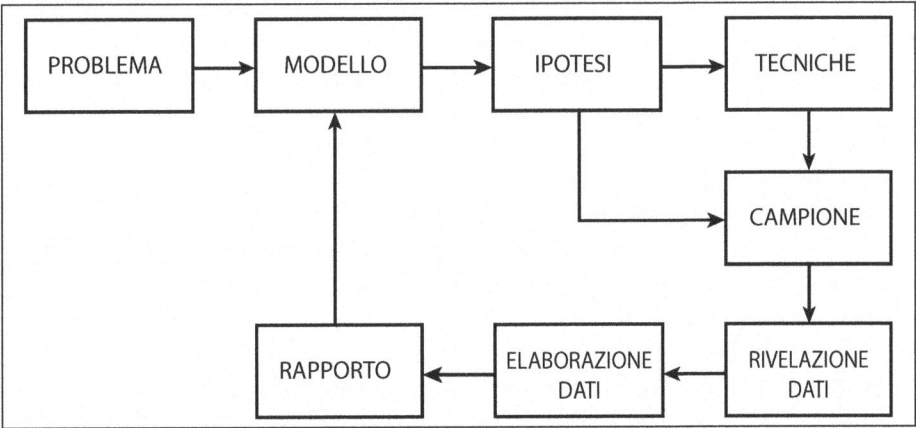

Fig. 7.1. Schema tipo del processo di ricerca conoscitiva. Modificata da: De Masi D, Bonzanini A (1984)

---

[1] Cfr. Lazarsfeld, Capitolo 2, Par. Paul F. Lazarsfeld.

Oggetto della ricerca

Generalmente il problema su cui effettuare l'indagine viene definito da un committente (persona o organizzazione) che, per prendere determinate decisioni riguardo all'oggetto, ha bisogno di informazioni sull'oggetto stesso, e affida tale attività al ricercatore[2]. Sulla base della finalità che le viene attribuita, è possibile distinguere quattro tipi di ricerca:
- *ricerca descrittiva*: viene commissionata e realizzata quando il fenomeno sociale che si vuole studiare è nuovo o non sufficientemente conosciuto;
- *ricerca esplicativa*: viene commissionata e realizzata quando si vogliono individuare le cause che determinano un ben definito fenomeno sociale;
- *ricerca previsionale*: viene commissionata e realizzata per individuare, con buoni livelli di probabilità, gli scenari futuri, ovvero le caratteristiche che avrà un determinato fenomeno a distanza di tempo;
- *ricerca operativa (o ricerca-intervento)*: viene commissionata e realizzata con l'esplicito obiettivo di modificare, migliorandola, la situazione che viene studiata, attraverso l'attività di ricerca stessa.

Le ricerche sociologiche in generale vengono decise e finanziate da committenti ricchi e "illuminati" e rappresentano un lusso per paesi ricchi, grandi aziende, fondazioni opulente, mentre la collettività e le istituzioni più povere (comuni, quartieri, gruppi e associazioni proletarie, scuole, asili, istituzioni totali, piccole aziende) difficilmente possono permettersi di usufruirne. Ciò perché le ricerche costano molto, in quanto richiedono molto tempo da parte di molti ricercatori.

Per questo motivo, nei rari casi di autocommittenze, anche quando queste consistono in piccole esercitazioni didattiche collegate a un corso di studi, è opportuno finalizzare l'indagine a scopi concreti ponendola al servizio di "committenti" che altrimenti non avrebbero modo di procurarsi l'apporto di sociologi e ricercatori. Nei limiti del possibile, quindi, è bene che l'oggetto della ricerca venga scelto sulla base delle seguenti caratteristiche:
- socialmente rilevante, ovvero importante per la comunità, le istituzioni, i gruppi, i movimenti di cui si condivide la finalità;
- professionalmente qualificante, capace cioè di fornire conoscenze utili per una riflessione sul ruolo sociale della professione per cui ci si prepara e per uno sviluppo consapevole della propria professionalità;
- originale: è inutile sprecare risorse per studiare fenomeni banali o già conosciuti; le conoscenze pregresse, opportunamente rilevate in fase di scouting, devono essere utilizzate come base di partenza per arrivare a una maggiore comprensione dei fenomeni studiati;
- adeguato alle forze e alle risorse dell'équipe: è inutile porsi obiettivi sproporzionati o scegliere campi di analisi su cui è praticamente impossibile raccogliere notizie e realizzare interventi significativi;

---

[2] Per il rapporto ricercatore/committente si veda Capitolo 10, Par. Il rapporto con il committente.

- orientato all'azione: l'inchiesta socialmente impegnata non tende soltanto a descrivere l'oggetto, ma anche a modificarlo (in modo non autoritario ma democratico). Ciò comporta che occorre scegliere un oggetto sul quale esiste una sufficiente probabilità che il gruppo possa non solo indagare ma anche provocare modifiche sociologicamente significative. Tali modifiche, costituiscono il principale obiettivo dell'inchiesta.

Scouting e articolazione del progetto

All'inizio della ricerca il committente è in grado di fornire al ricercatore soltanto notizie imprecise e parziali circa il problema che lo ha indotto a promuovere la ricerca e circa l'oggetto della ricerca. Perciò il ricercatore, prima di formulare il modello e le ipotesi, raccoglie tutta la documentazione reperibile e, se occorre, procede a una fase di *scouting* per meglio delimitare il campo d'indagine e per meglio impostare le successive tappe del suo lavoro. Lo scouting consiste nello scandagliare il campo di indagine attraverso incontri, interviste volanti, raccolta dei primi dati, lettura dei testi più significativi sull'argomento, consultazione di esperti e di testimoni "privilegiati".

Al termine di questa fase, il ricercatore avrà appurato che alcuni aspetti del sistema sociale in via di studio sono certi, e altri sono certamente inesistenti. Poiché non si fa ricerca su problemi risolti o esclusi, l'attenzione del sociologo si appunterà allora sugli aspetti probabili, intorno ai quali vi sia sufficiente incertezza da giustificare la fatica di una indagine, ma non tanta incertezza da escludere persino la possibilità di avanzare qualche ipotesi. Se non vi è incertezza, se non vi è dubbio circa un fenomeno, non vi è motivo di condurre ricerca su questo fenomeno. Al contrario, spesso, sono organizzate ricerche attorno a semplici e scontate constatazioni che vengono presentate come «ipotesi» da verificare.

I risultati dello *scouting* confluiscono generalmente nel "Progetto di ricerca" che consiste in un programma di lavoro ben definito e dettagliato, contenente:
- una prima analisi del problema che si vuole affrontare;
- il modello e le ipotesi che si intendono verificare, le variabili che su di esse incidono;
- i metodi e le tecniche che si intendono impiegare per la verifica;
- la composizione dell'*équipe* di ricerca, le risorse di cui l'*équipe* dispone, le difficoltà che si suppone di incontrare e i mezzi che ci si prefigge di impiegare per superarle (*risk analysis*);
- tempi e costi previsti per la realizzazione della ricerca.

Il Progetto, generalmente, è un documento breve, corredato da una serie di schemi, come quello riportato in Figura 7.2.

Questo documento viene presentato e discusso con il committente che, se lo condivide e lo approva, conferisce l'incarico per la realizzazione dell'indagine.

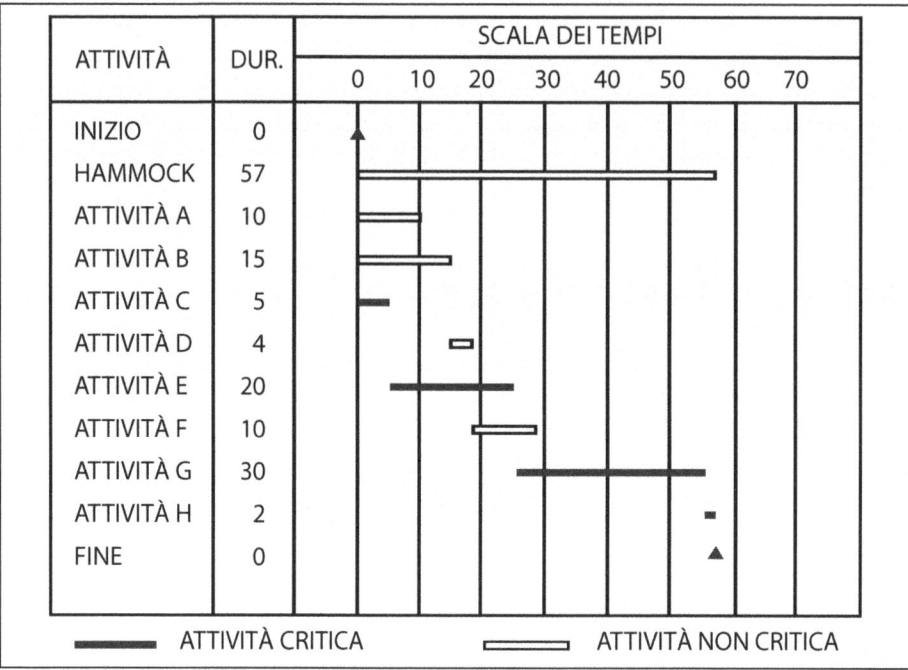

Fig. 7.2. Esempio di diagramma di Gantt

Modello della ricerca

Un modello è la rappresentazione artificiale e schematica di un sistema socio-economico, realizzato al fine di agevolarne lo studio nelle migliori condizioni di chiarezza, di rapidità e di costo. In quanto rappresentazione artificiale, ogni modello introduce immancabilmente una distorsione rispetto alla realtà e presenta, quindi, un interesse pratico solo se gli inconvenienti dovuti a questa distorsione sono compensati dai vantaggi offerti dalla sua utilizzazione.

Un modello è utile e attendibile solo quando è *ricavato* dalla realtà sociale e aiuta a mettere in relazione e comprendere i fenomeni che si intendono studiare, mentre è dannoso e fuorviante quando è predefinito e *sovrapposto* artificialmente alla realtà, snaturandola e costringendola ad adeguarsi al modello stesso.

Un modello può essere, a seconda delle finalità della ricerca:
- soltanto *descrittivo* della realtà sociale se si limita a fornire una immagine chiara e attendibile degli elementi strutturali e culturali che la costituiscono. Un esempio di modello descrittivo è quello adottato in una ricerca effettuata sugli insegnanti e sui presidi di alcune regioni italiane[3]. Secondo gli autori, questi

---

[3] Barbagli M, Dei M (1971) Le vestali della classe media. Il Mulino, Bologna.

	+ GRATIFICAZIONE SUCCESSIVA −	
MOTIVAZIONE INIZIALE +	Motivati persistenti	Motivati delusi
−	Demotivati adattati	Demotivati convinti

Fig. 7.3. Modello descrittivo adottato in una ricerca sugli insegnanti e sui presidi delle scuole medie. Modificata da: Barbagli M, Dei M (1971)

lavoratori intellettuali potevano aver imboccato la loro attuale professione per scelta intenzionale o per ripiego; e, dopo averla intrapresa, potevano essere soddisfatti del lavoro scolastico o potevano esserne insoddisfatti. L'incrocio delle due circostanze avrebbe data luogo a quattro possibili idealtipi, ciascuno caratterizzato da un proprio atteggiamento verso il lavoro e la carriera scolastica (Fig. 7.3). La ricerca ha poi confermato la validità di questo schema orientativo ed è riuscita a fornire una ripartizione percentuale dell'universo in base alle quattro tipologie;
- anche *esplicativo* se individua questi fattori in termini di causa-effetto (Fig. 7.4);
- *predittivo* se tenta di proiettare al futuro i trends che caratterizzano tali elementi e le loro reciproche interrelazioni;
- *operativo* se offre uno schema programmatico (di valore normativo o anche soltanto esortativo) al quale attenersi durante un intervento sul sociale.

Sia che si tratti di un modello descrittivo, sia che si tratti di un modello esplicativo, predittivo o operativo, essendo ipotizzato all'inizio di una ricerca esso va poi verificato sul campo. E quasi sempre finirà con l'esservi un certo scostamento tra il modello previsto e quello constatato.

Ipotesi e variabili

L'ipotesi è un ragionevole dubbio, un ragionevole e ragionato sospetto che la struttura e le funzioni sconosciute del sistema in esame siano fatte in un certo modo (ricerca descrittiva); o che la sua dinamica dipenda da certi fatti casuali (ricerca esplicativa); o

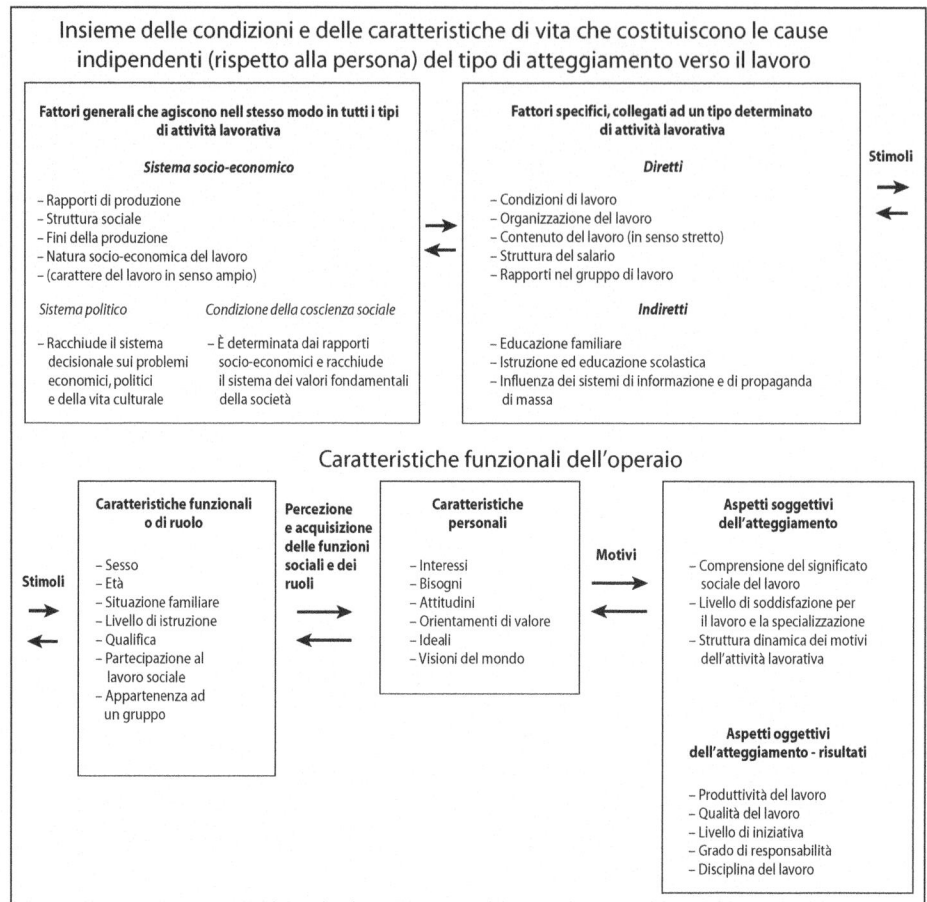

Fig. 7.4. Esempio di modello descrittivo-esplicativo. Modificata da: De Masi D, Bonzanini A (1984)

che il suo futuro evolva secondo certi trends (ricerca predittiva); o che occorra fissare determinate tappe e determinate procedure del suo divenire (ricerca operativa)[4].

Si tratta di dubbi, di sospetti, perché non si è mai preventivamente certi della loro veridicità. Ma si tratta di dubbi ragionevoli e ragionati perché non nascono a caso né vengono acriticamente adottati. L'ipotesi è ogni dimostrazione o spiegazione congetturata ma non ancora confermata dalla ragione o dall'esperienza. È quindi anticipatrice di prove o di esperimenti, che essa stessa suggerisce. È stata pure poeticamente definita un ponte gettato dal noto all'ignoto, nell'attesa che la ragione o l'esperienza forniscano un secondo pilone[5].

---

[4] De Masi D, Bonzanini A (a cura di) (1984) Trattato di sociologia del lavoro e della organizzazione. La ricerca. Angeli, Milano.
[5] Biraghi A (a cura di) (1957) Dizionario di filosofia. Comunità, Milano, p 534.

Se un problema sociale (ad esempio come superare un sistema manicomiale, o come spiegare una serie di lotte urbane, o come evidenziare le contraddizioni esistenti nei rapporti di classe all'interno di un quartiere) è assunto come oggetto di una ricerca, significa che esso, in tutto o in parte, è ignoto ai ricercatori i quali, proprio attraverso l'inchiesta, intendono analizzarlo, chiarirlo e risolverlo.

Nell'affrontare il problema, però, l'équipe ha già una qualche idea, un qualche sospetto (ossia: una qualche ipotesi) su come esso vada spiegato e affrontato. Per non sprecare le energie (che sono limitate per definizione) l'équipe chiarirà tali ipotesi in linea teorica, le metterà in ordine decrescente di importanza e concentrerà tutti gli sforzi su quelle più rilevanti. Le ipotesi, in altri termini, orientano l'attività dei ricercatori verso quelle sole piste che offrono maggiore probabilità di condurre alla soluzione dei problemi che la ricerca vuole spiegare e/o risolvere.

Naturalmente le ipotesi non sono formulate a casaccio ma nascono:
- dalla esperienza personale dei ricercatori;
- dalla loro cultura generale;
- da analogie con i risultati raggiunti in altre scienze;
- da precedenti ricerche condotte in altri contesti.

Ovviamente, ogni ipotesi deve poter essere verificata empiricamente, e quindi la ricerca va progettata in modo da richiedere l'accettazione o il rifiuto dell'ipotesi, sulla base dei dati risultanti. A tale scopo, nel formulare le ipotesi, è bene fare attenzione a che esse risultino:
- concettualmente chiare;
- traducibili in termini di riferimento quantitativi o per lo meno empirici;
- specifiche e suddistinte;
- verificabili attraverso strumenti eticamente corretti, economicamente e tecnicamente accessibili;
- basate su un sistema teorico serio e compiuto.

Spesso le ricerche si auto-alimentano nel senso che un'indagine, mentre verifica alcune ipotesi, ne fa nascere altre. Un caso esemplare è fornito dalla serie di ricerche condotte alla *Western Electric*[6] che, partite dall'ipotesi che il morale dei lavoratori e il loro rendimento dipendesse dalle condizioni fisiche in cui operavano (in particolare dall'illuminazione), finirono per scoprire che il bisogno di riconoscimento, di sicurezza, di appartenenza, sono più importanti delle condizioni fisiche di lavoro. Sulla base di questa scoperta furono formulate nuove ipotesi relative alla correlazione produttività individuale/produttività di gruppo che portarono a dimostrare che il rendimento del singolo non dipende dalle sue capacità ma che gli atteggiamenti e le capacità del lavoratore sono condizionati dalle sue esigenze sociali all'interno e all'esterno della fabbrica; che nella fabbrica i gruppi informali esercitano un forte controllo sociale sulle abitudini di lavoro e sugli atteggiamenti del singolo lavoratore; che la collaborazione di gruppo non avviene per caso ma deve essere preparata e sviluppata.

---

[6] Si veda Capitolo 9, Par. Durkheim e il suicidio anomico.

Si giunse infine a una nuova fase della ricerca basata sull'ipotesi che non sono le condizioni di lavoro a contare, ma il modo con cui il lavoratore le interpreta e che, quindi, per migliorare la produttività occorra orientare questa interpretazione. La ricerca da esplicativa si trasformò così in operativa dando luogo non più a uno studio ma a un vero e proprio intervento.

L'avvento del computer e la conseguente possibilità di vagliare un numero enorme di dati fino a individuare quello più significativo facendone scaturire le ipotesi (anziché facendolo scaturire dalle ipotesi) ha aperto orizzonti nuovi alla ricerca sociale e al nesso tra ricercatore, ipotesi e risultati.

Alle ipotesi sono generalmente associate le variabili, dove per *variabile* si intende "ogni strumento tassonomico o ordinale con cui si possono fare distinzioni tra persone o insiemi"[7]. Così, ad esempio, se si ipotizza che in una certa scuola le donne si applicano allo studio più degli uomini, diciamo che il sesso degli studenti costituisce la *variabile* del fenomeno.

Ovvero, le variabili sono quelle caratteristiche empiriche delle persone (variabili soggettive) o delle istituzioni (variabili oggettive) che, con il loro mutare, si presuppone che provochino un mutamento nella condizione o nel comportamento degli oggetti che si intende studiare.

Esempi di variabili soggettive sono: il sesso, l'età, il livello d'istruzione, la qualifica contrattuale.

Esempi di variabili oggettive sono: la dimensione dello stabilimento, la tecnologia, le condizioni fisiche di lavoro, l'area geografica, il settore merceologico.

Anche le variabili, come le ipotesi, debbono essere chiare e traducibili in termini quantitativi o per lo meno empirici.

Il campione

Una volta messi a punto modello, ipotesi e variabili significative, occorre procedere alla individuazione dei metodi e delle tecniche di indagine più appropriati per la verifica delle ipotesi formulate e dei destinatari dell'indagine, ovvero l'universo di riferimento (ad esempio, tutti i residenti in una determinata città, tutti i dipendenti di un'azienda, tutti gli studenti di una scuola) e il campione su cui concretamente verrà effettuata l'indagine. L'universo di riferimento deriva direttamente dalle ipotesi e dalle variabili della ricerca. Nella grande maggioranza delle ricerche sociali, ragioni di tempo e di soldi costringono a ripiegare su un campione che va individuato con tecniche adeguate[8], pena la validità stessa dei risultati della ricerca. Il campione può essere di tipo quantitativo o qualitativo. È possibile ricorrere a campioni quantitativi

---

[7] Lazarsfeld (1967) Metodologia e ricerca sociologica. Il Mulino, Bologna.
[8] Cfr. Brambilla F (1958) Appendice statistica. In: Carbonaro A, Pagani A, Brambilla F. Introduzione alla ricerca sociologica. La Nuova Italia, Firenze; Blalok HM jr (1969) Statistica per la ricerca sociale. Il Mulino, Bologna.

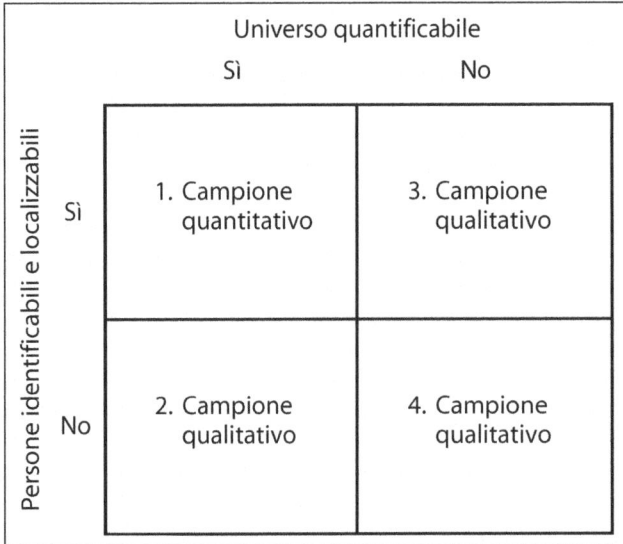

Fig. 7.5. Variabili che incidono sulla scelta del campione quantitativo o qualitativo. Modificata da: De Masi D, Bonzanini A (1984)

quando si parte da universi di cui sono anticipatamente noti l'ammontare complessivo, nonché l'identità e la localizzazione dei singoli membri campionati.

Si ripiega invece sui campioni qualitativi quando non è anticipatamente nota l'entità complessiva dell'universo e/o non sono identificabili e localizzabili i membri campionati (Fig. 7.5).

Quando l'universo è noto, la predisposizione statistica di un campione con calcolo delle quote, applicazione dei numeri casuali, reperimento fisico dei soggetti da intervistare o da osservare, risulta abbastanza semplice. Di seguito sono riportate due tavole di comoda consultazione (Tabelle 7.1 e 7.2).

Le ricerche possono essere condotte con un'ampia gamma di tecniche di campionamento e di ampiezza campionaria. Si possono realizzare ricerche basate sull'osservazione intensiva di piccoli numeri di lavoratori (come, ad esempio, le prime ricerche di Elton Mayo alla *Western Electric*) e indagini su vasta scala, con campioni assai numerosi e sofisticati (come quella dell'Isvet su migliaia di lavoratori dell'industria manifatturiera in Italia).

In base alle tecniche di campionamento, ovvero alle modalità di estrazione dei soggetti che concretamente entrano a far parte del campione utilizzato per la ricerca, è possibile distinguere i campioni in:
- *Casuali*: il campionamento casuale in statistica corrisponde ad un'estrazione da una popolazione distribuita secondo la sua legge (funzione di densità) di un determinato numero di individui/oggetti. Il campionamento casuale semplice seleziona dalla popolazione un campione di numerosità n da una popolazione di N elementi, senza o con ripetizione, in maniera tale che ogni possibile campione abbia uguale

Tabella 7.1. Tavola per il calcolo del campione casuale: 95% intervallo di confidenza (p = 0,5). Modificata da: Yamane T (1967)

Popolazione	Ampiezza del campione per una precisione del					
	1%	2%	3%	4%	5%	10%
500	(b)	(b)	(b)	(b)	222	83
1.000	(b)	(b)	(b)	385	286	91
1.500	(b)	(b)	638	441	316	94
2.000	(b)	(b)	714	476	333	95
2.500	(b)	1.250	769	500	345	96
3.000	(b)	1.364	811	517	353	97
3.500	(b)	1.458	943	530	359	97
4.000	(b)	1.538	870	541	364	98
4.500	(b)	1.607	891	549	367	93
5.000	(b)	1.667	909	556	370	98
6.000	(b)	1.765	938	566	375	98
7.000	(b)	1.842	959	576	378	99
8.000	(b)	1.905	976	580	381	99
9.000	(b)	1.957	989	583	383	99
10.000	5.000	2.000	1.000	588	385	99
15.000	6.000	2.143	1.034	600	390	99
20.000	6.667	2.222	1.053	606	392	100
25.000	7.143	2.273	1.064	610	394	100
50.000	8.333	2.381	1.087	617	397	100
100.000	9.091	2.439	1.099	621	398	100
→∞	10.000	2.500	1.111	625	400	100

Note: *p*, percentuale di un'unità nel campione con le caratteristiche da misurare: per valori diversi di p l'ampiezza del campione richiesta sarà minore; *b*, se il campione comprende il 50% dell'universo, il grado di accuratezza sarà maggiore di quello richiesto. Dato che la distribuzione normale è una larga approssimazione della distribuzione ipergeometrica quando n è maggiore del 50% di N, non è impiegabile la formula usata nel calcolo

probabilità di essere estratto. L'assenza di ripetizione significa che un'unità non può entrare a far parte dello stesso campione più di una volta.
- *Stratificati*: nel campionamento stratificato si divide preliminarmente la popolazione in un numero prestabilito di sottopopolazioni o "strati" dalle quali si estraggono delle unità che andranno a comporre il campione totale. Ad esempio la stratificazione potrebbe venire effettuata tenendo conto di determinate variabili quali l'età, il genere, la nazionalità di appartenenza, ecc.
- *A grappoli*: viene utilizzato quando si è nella impossibilità di estrarre il campione dall'intera popolazione. Quest'ultima viene allora vista come un insieme di grappoli che vengono scelti in modo casuale per costruire il campione mediante le singole unità costituenti i grappoli prescelti. Ad esempio in una indagine sul consumo delle famiglie, queste ultime potranno essere considerate come grappoli. Il campione sarà pertanto costituito da tutti i componenti delle famiglie estratte.
- *A stadio*: questo tipo di campionamento costituisce generalmente una variante del campionamento a grappoli e prevede una suddivisione della popolazione in strati, solo alcuni dei quali vengono estratti a caso. All'interno di questi strati estratti,

Tabella 7.2. Tavola per il calcolo del campione casuale: intervallo di confidenza 99,7% (p = 0,5). Modificata da: Yamane T (1967)

Popolazione	Ampiezza del campione per una precisione del				
	1%	2%	3%	4%	5%
500	(b)	(b)	(b)	(b)	(b)
1.000	(b)	(b)	(b)	(b)	474
1.500	(b)	(b)	(b)	725	563
2.000	(b)	(b)	(b)	826	621
2.500	(b)	(b)	(b)	900	662
3.000	(b)	(b)	1.364	958	692
3.500	(b)	(b)	1.458	1.003	716
4.000	(b)	(b)	1.539	1.041	735
4.500	(b)	(b)	1.607	1.071	750
5.000	(b)	(b)	1.667	1.098	763
6.000	(b)	2.903	1.765	1.139	783
7.000	(b)	3.110	1.842	1.171	798
8.000	(b)	3.303	1.905	1.196	809
9.000	(b)	3.462	1.957	1.216	818
10.000	(b)	3.600	2.000	1.233	826
15.000	(b)		2.143	1.286	849
20.000	(b)	4.390	2.222	1.314	869
25.000	15.517	5.046	2.381	1.369	884
50.000	18367	5.325	2.439	1.387	892
100.000	18367	5.325	2.439	1.387	892
→∞	22.500	5.625	2.500	1.406	900

Note: p, percentuale di un'unità nel campione con le caratteristiche da misurare: per valori diversi di p l'ampiezza del campione richiesta sarà minore; b, se il campione comprende il 50% dell'universo, il grado di accuratezza sarà maggiore di quello richiesto. Dato che la distribuzione normale è una larga approssimazione della distribuzione ipergeometrica quando n è maggiore del 50% di N, non è impiegabile la formula usata nel calcolo

viene successivamente estratto a sua volta un campione casuale secondo un ulteriore piano di campionamento. Ad esempio la popolazione può essere inizialmente divisa per comune di residenza. Il campione sarà pertanto costituito dai componenti della popolazione estratti per ciascun comune di residenza.
- *Per quote*: nel campionamento per quote si divide la popolazione in gruppi sulla base della caratteristica per i quali sono noti i pesi percentuali di ciascuno nei confronti della popolazione. In tal modo è possibile definire le quote ovvero il numero di elementi da prelevare per ciascun gruppo e si procede con un'estrazione casuale delle unità di ciascun gruppo che, tutte insieme, andranno a costituire il campione. Ad esempio in un'indagine che riguarda un'azienda caratterizzata da una penetrazione sul mercato che cambia da regione a regione, verrà allestito il campione intervistando in ciascuna regione un numero di individui legato alla penetrazione dell'azienda nella regione stessa.

È interessante notare che il campione effettivo può presentare caratteristiche diverse da quelle pianificate dal disegno di ricerca; i gradi di libertà nella selezione degli intervistati dipendono dai gradi di libertà implicitamente o esplicitamente presenti nelle istruzioni date all'intervistatore circa specifici aspetti del suo compito, ad esempio: contesto, numero di tentativi di contatto, fascia oraria del contatto.

Le distorsioni che potrebbero crearsi in questi casi risultano tanto minori quanto più vengono fornite all'intervistatore informazioni chiare circa chi, quando e dove deve intervistare. Una volta effettuata la selezione bisogna fare in modo che l'intervistato cooperi fino al termine dell'intervista: il successo nella prima fase non implica necessariamente il successo nella seconda. In tali fasi di selezione e cooperazione alcune caratteristiche degli intervistati risultano particolarmente problematiche:

- reperibilità;
- ineleggibilità: l'intervistato potrebbe non presentare una o più caratteristiche pianificate;
- poca disponibilità di tempo;
- poca disponibilità a farsi intervistare o a compilare il questionario;
- diffidenza verso lo specifico argomento dell'intervista;
- diffidenza verso lo specifico intervistatore: alcune caratteristiche dell'intervistatore possono risultare più o meno ottimali nel definire il grado di cooperazione con l'intervistato.

La raccolta dei dati

Per verificare le ipotesi formulate i ricercatori devono reperire dei dati che, a seconda dei casi, possono essere documenti o dati statistici raccolti da istituzioni pubbliche o private; possono essere comportamenti delle persone empiricamente osservati; possono essere ancora idee e pensieri delle persone rilevati con apposite domande.

Sulla base dei dati utilizzati, che possono essere quantificabili, come le statistiche, o non quantificabili, come i valori, le ricerche vengono distinte in "quantitative" o "qualitative", anche se, nella maggior parte dei casi, le due metodologie si integrano reciprocamente. In sostanza, per verificare la fondatezza delle ipotesi, a volte è sufficiente che il sociologo interroghi i documenti; altre volte occorre interrogare le persone; altre volte ancora si può solo osservare come la gente lavora o interagisce. Più spesso occorre rilevare tipi diversi di dati, facendo ricorso a modalità e strumenti di rilevazione diversi, alcuni semplici, altri molto sofisticati. Sta alla bravura del sociologo saper individuare di volta in volta le fonti e le modalità di rilevazione più appropriate.

Alle tecniche d'indagine (analisi documentale, osservazione, intervista, questionario, ecc.) è dedicato il capitolo ottavo. Qui preme sottolineare un aspetto peculiare delle scienze sociali che sono caratterizzate dal fatto che le informazioni che vengono rilevate sono generalmente il frutto di una relazione sociale tra l'osservatore e l'osservato. Questo rende comprensibilmente difficile l'attività di osservazione e insidiosa la validità dello strumento, poiché non soltanto le caratteristiche dello strumento in sé ma anche il contesto in cui avviene l'osservazione possono influire sulla aderenza alla realtà di quanto viene rilevato e registrato, e poi utilizzato per cercare di descrivere e comprendere il fenomeno osservato. La sociologia come scienza, che ha come oggetto fenomeni osservabili, ha quindi necessità di un metodo che sostenga l'osservazione del reale e di strumenti che consentano tale osservazione. Le tecniche, molteplici e in continua evoluzione, si evolvono allo scopo di rendere osservabili, rilevabili, misurabili i fenomeni sociali oggetto dello sguardo del sociologo.

L'elaborazione e l'analisi dei dati

Una volta raccolti i dati, occorre procedere a tutte le elaborazioni necessarie per verificare le ipotesi della ricerca. In particolare, occorre:
- tabulare i questionari;
- trattare i documenti e le storie di vita;
- predisporre i piani di incrocio per l'elaboratore;
- costruire gli indici attraverso gli indicatori;
- costruire le tipologie;
- procedere alle correlazioni;
- applicare le tecniche matematiche e grafiche capaci di rendere i risultati intellegibili e chiaramente significativi.

Ottenuti i risultati in cifre, occorre "leggerli", interpretarli, ricavarne le conferme e le smentite delle ipotesi verificate, o l'intuizione di nuove ipotesi da consegnare a successive ricerche[9].

Il rapporto conclusivo

Ogni ricerca, sia di tipo conoscitivo che di tipo operativo, è bene che si concluda con un rapporto circa il lavoro effettuato e i risultati ottenuti. La gamma di questi rapporti è molto varia per ampiezza, per stile, per supporti. Alcuni filmati o testi fotografici possono ormai considerarsi veri e propri resoconti di ricerca, ma nella maggior parte dei casi si tratta di rapporti scritti che possono essere redatti in modo più o meno efficace. Vi sono resoconti molto particolareggiati e ricchi di dati statistici, altri lacunosi e imprecisi, alcuni scritti con uno stile narrativo piacevole e avvolgente, altri redatti in modo freddo e impersonale:

"L'abilità del ricercatore di scrivere in modo persuasivo, di comunicare le sue scoperte ad un vasto pubblico, di presentare le idee con chiarezza, di cavarsi d'impaccio in situazioni pratiche, di valutare altre considerazioni sul piano dell'azione – tutto ciò fa aumentare la probabilità che i risultati dell'indagine siano utilizzati in modo appropriato"[10].

---

[9] Cfr. tra gli altri: Duverger M (1967) I metodi delle scienze sociali. Etas Kompass, Milano; Lazarsfeld PF (1967) Metodologia e ricerca sociologica. Il Mulino, Bologna.
[10] Hyman H (1967) Disegno della ricerca e analisi sociologica, cit. In: De Masi D, Bonzanini A (a cura di) Trattato di sociologia del lavoro e della organizzazione. La ricerca.

Utilizzazione della ricerca

I risultati delle ricerche possono essere utilizzati in modi diversi sia dal ricercatore che dal committente, tenendo conto anche di quelli che sono i limiti pattuiti nel contratto di committenza. Le finalità dell'utilizzazione possono essere sia teoriche che pratiche.

Il committente, generalmente, tende a dare alla ricerca un'utilizzazione pratica, assumendo, ad esempio, sulla base dei dati rilevati decisioni che modificano le strategie o l'organizzazione del sistema studiato[11]. I ricercatori tendono più a un'utilizzazione teorica, pubblicando i risultati e costruendo sulla base delle osservazioni realizzate modelli interpretativi e teorie.

Vi sono anche casi di ricercatori che applicano nella pratica le teorie da loro stessi elaborate nel corso di precedenti indagini: così è stato per tutti coloro che hanno condotto ricerche-intervento realizzando un processo concreto di teoria-pratica-teoria-pratica[12], ecc.

Vi sono infine ricerche che non producono alcun risultato perché semplicemente non vengono utilizzate dal committente e rimangono dimenticate nei cassetti di qualche anonima scrivania. Succede quando la ricerca è condotta con metodologie poco corrette scientificamente o quando non producono nessuna significativa nuova conoscenza; ma succede anche quando il committente promuove un'indagine senza alcuna fiducia negli strumenti sociologici, per semplice vezzo intellettualistico; quando il committente reputa che la ricerca, ritenuta utile al momento dell'avvio, è poi divenuta superflua o persino dannosa ai suoi scopi; quando i risultati della ricerca pongono il committente di fronte a responsabilità di autocritica o di decisioni che egli non intende assumersi; quando, infine, la ricerca innesca dinamiche travalicanti la volontà o la capacità di controllo del committente.

Diverso è il caso della ricerca-intervento che, contrariamente alle ricerche conoscitive, non si limita a fornire uno strumento propedeutico alle decisioni e agli interventi, ma costituisce essa stessa un modo per modificare la realtà. In questo caso il committente chiede al ricercatore di intervenire presso un ben determinato sub-sistema (ad esempio una scuola, una fabbrica, un quartiere di una città) in modo da indurre in esso delle trasformazioni che egli stesso ha in qualche modo prestabilito; il ricercatore svolge la sua ricerca-intervento in modo tale che conoscenza, presa di coscienza e trasformazione del sub-sistema avanzino di pari passo. Il metodo consiste nella continua interazione fra azione e ricerca. Una grande attenzione è rivolta al *problem setting*, ovvero alla rielaborazione del problema di partenza attraverso cui ricercatori, committente e destinatari dell'intervento scoprono insieme il problema vero. Queste ricerche generalmente sono maturate in situazioni di conflitto sociale o interorganizzativo e sono caratterizzate dalla compartecipazione di parti antagonistiche (operai,

---

[11] Così è ad esempio per le ricerche condotte da Elton Mayo, da Herzberg e da molti altri studiosi delle organizzazioni.
[12] Si vedano, ad esempio, Likert, Herzberg, i ricercatori del Tavistock Institute.

sindacati, dirigenti, ecc.) e da équipe di studio interdisciplinari (ingegneri, manager, psicologi, sociologi, ecc.). Come nel procedimento psicoanalitico, la ricerca-intervento implica un contratto tra le parti: si conviene che il procedimento che si avvia possa risolvere il problema ma si conviene anche che ciò non possa avvenire immediatamente e neanche a seguito di una diagnosi del ricercatore; ma gradualmente e in virtù delle scelte che il "paziente-cliente" via via farà. Costituiscono importanti esempi di ricerca-intervento i lavori di Herbst, del Tavistock Institute di Londra e di Federico Butera in Italia[13].

---

[13] Cfr. Butera F (1979) La ricerca intervento. Studi organizzativi. 1-2, mar-giu; Butera F (1979) Lavoro umano e prodotto tecnico. Una ricerca sulle acciaierie Terni. Einaudi, Torino.

Capitolo 8
Gli strumenti di ricerca

Questa lezione è dedicata all'illustrazione delle tecniche e degli strumenti di ricerca finalizzati alla raccolta dei dati grezzi che saranno poi elaborati e analizzati dai ricercatori sociali. Secondo una prima classificazione, questi sono distinguibili in tre tipologie, per ognuna delle quali sono poi state elaborate una serie di varianti. In definitiva, per raccogliere i dati:
- si possono analizzare dati e documenti;
- si può osservare il comportamento di persone, gruppi o organizzazioni;
- si possono porre delle domande alle persone.

Ci sono poi tecniche, come le storie di vita e il metodo dei casi, che utilizzano un mix dei tre tipi principali.

L'analisi documentale

Una ricerca può essere realizzata interamente sulla base di documenti esistenti, quali dati statistici, ricerche già effettuate da altri ricercatori, articoli di giornali o di riviste, audiovisivi, libri aziendali, lettere, e così via. In questo caso si parla di indagini desk, o di secondo livello, in contrapposizione alle ricerche "sul campo". Nel 1908 Max Weber effettuò una importante ricerca in una fabbrica tessile della Vestfalia basandosi esclusivamente sui dati e sulle informazioni contenute nei libri aziendali che la direzione gli mise a disposizione. Allo stesso modo Naisbitt ha effettuato un importante studio sui trend che caratterizzano l'avvento della società postindustriale basandosi soltanto sugli articoli apparsi sui principali quotidiani dei paesi maggiormente industrializzati[1].

Più frequentemente l'analisi documentale costituisce una parte importante della fase di *scouting* della ricerca. La raccolta e l'analisi dei dati disponibili consente infatti di orientare e mettere a punto l'indagine sul campo.

In ogni caso sono di fondamentale importanza per la buona riuscita della ricerca:
- le modalità con cui vengono raccolti i dati, i criteri di selezione adottati che devono garantire completezza, attendibilità, rappresentatività, ecc.;

---

[1] Naisbitt J (1984) Megatrends. Le dieci nuove tendenze che trasformeranno la nostra vita. Sperling & Kupfer, Milano.

- l'analisi del contenuto, ovvero come sono lette e interpretate le informazioni raccolte. Oggi, grazie all'ausilio del computer, i metodi utilizzati per l'analisi del contenuto sono assai sofisticati.

L'osservazione

Consiste nel raccogliere le informazioni necessarie per la ricerca osservando in maniera sistematica e orientata l'oggetto dell'analisi. Va ovviamente distinta dall'osservazione "naturale" che ogni persona compie normalmente nel proprio contesto di riferimento. L'osservazione scientifica è osservazione sistematica del comportamento (atteggiamenti, gesti, parole) dei membri di un gruppo, guidata da una ipotesi di lavoro nel quadro di uno schema concettuale di riferimento con lo scopo di verificare una tale ipotesi, pur mantenendosi aperta alla possibilità di trovare nuovi dati non previsti dall'ipotesi o dallo schema, che possano contribuire a formulate altre ipotesi e a far progredire pertanto la conoscenza del fenomeno studiato. Può essere di due tipi:
- *Osservazione partecipante*, quando il ricercatore trascorre un certo periodo nell'ambiente su cui verte l'indagine per osservarne immediatamente i problemi sociologici; comporta un contatto diretto tra sociologo e gruppo-oggetto di studio, tale da far partecipare in qualche modo il primo alla vita del secondo.
- *Partecipante osservatore*, quando il compito di osservare e annotare gli eventi rilevanti ai fini della ricerca viene affidato a un attore del contesto che si vuole analizzare (ad esempio un lavoratore se l'indagine viene realizzata in un'azienda, uno studente se è realizzata all'interno di una classe scolastica).

L'osservazione è una tecnica particolarmente efficace, ma anche molto complessa da realizzare. Le difficoltà principali derivano al ricercatore dalla necessità di non alterare, con la propria presenza, i modelli di comportamento che si vogliono studiare e dal non farsi coinvolgere emotivamente troppo dal suo essere partecipante perdendo così l'obiettività scientifica.

È ovvio che se i membri del gruppo studiato non conoscono lo scopo del ricercatore, è più probabile che il loro comportamento sia "naturale". Allo stesso modo, la completa appartenenza al gruppo studiato, soprattutto se protratta per periodi lunghi, comporta inevitabilmente una forte partecipazione emozionale agli avvenimenti e il ruolo di osservatore può venire in qualche misura danneggiato dal suo stesso essere partecipe della situazione che vuole osservare. Per questo motivo, si preferisce spesso la "quasi-partecipazione" alla partecipazione completa che rende possibile prendere parte a molte attività di gruppo mantenendo il ruolo di osservatore e di intervistatore. Infatti il ricercatore non necessariamente deve fare le stesse attività di tutti gli altri per essere un osservatore partecipante; egli può invece cercare qualche altro ruolo che lo renda accettabile nel gruppo e che gli permetta al contempo di non rendere manifesti i suoi obiettivi e di non farsi coinvolgere troppo emotivamente.

In ogni caso, è bene guidare la rilevazione attraverso l'uso di una apposita "griglia di osservazione". Può essere anche utile accompagnare le note riportate con documenti fotografici o filmati.

L'intervista e il questionario

L'intervista[2] è la tecnica più utilizzata nelle ricerche sul campo di sociologia. Può essere più o meno strutturata, a seconda delle finalità dell'indagine o della fase in cui essa si trova. In generale le interviste possono essere:
- *Non strutturate o libere*: consistono in una sorta di conversazione tra il ricercatore e l'utente, cui vengono poste domande aperte in modo libero, permettendo ad entrambi di stabilire la direzione seguita man mano dal discorso. Questa metodologia è utile per indagini di tipo esplorativo, in cui il ricercatore non possieda un'idea precisa di quali siano gli argomenti più importanti.
- *Semi-strutturate*: consistono in interviste meno libere delle precedenti, in cui il ricercatore cercherà di assicurarsi che vengano affrontati i punti da lui considerati salienti e stimolerà il soggetto a fornire la propria opinione sugli argomenti precedentemente selezionati. Questa metodologia è più indicata quando il ricercatore ha un'idea più chiara di quelle che sono le componenti per una valutazione.
- *Strutturate*: equivalgono al questionario, con domande predefinite dal ricercatore in fase di preparazione dello strumento. A differenziare i due metodi è il modo di presentazione, orale nel caso dell'intervista, scritto nel caso del questionario.

Oltre alle modalità di conduzione dell'interazione che ci propone di porre in atto, interviste e questionari possono essere organizzate e categorizzate in base alla struttura oggettiva dell'interazione. Le più diffuse sono:
- intervista a due: si struttura tra due soggetti uno dei quali funziona da intervistatore e l'altro da intervistato;
- intervista collettiva: si struttura tra un intervistatore e un insieme di intervistati, in una situazione in cui i diversi intervistati assumono di volta in volta il ruolo di interlocutore e di intervistato;
- intervista di gruppo o *Focus group*: si struttura tra intervistatore e un gruppo di persone inteso come interlocutore con proprie dinamiche contenutistiche e relazioni interne;
- metodo dei panels[3]: consiste nella somministrazione di un questionario a un gruppo di persone ripetuta nel tempo.

Nella fase di *scouting* si usa ricorrere a interviste non strutturate, ovvero volutamente libere da binari prestabiliti, con testimoni qualificati per sondare il campo

---

[2] Sull'intervista si veda soprattutto Kahn RL, Cannel CF (1968) La dinamica dell'intervista. Marsilio, Padova; Duverger M (1967) I metodi delle scienze sociali. Etas Kompass, Milano; Goode WJ, Hatt PK (1967) Metodologia della ricerca sociale. Il Mulino, Bologna.
[3] Lazarsfeld PF (1967) Metodologia e ricerca sociologica. Il Mulino, Bologna.

ancora del tutto inesplorato. Nella fase di verifica delle ipotesi, invece, le interviste debbono essere ben focalizzate sugli argomenti atti a verificare le ipotesi stesse.

Quando l'intervista è strutturata, generalmente il ricercatore utilizza un apposito questionario[4]. Data la stretta dipendenza del questionario dalle ipotesi, è assai difficile poter attingere da questionari "prefabbricati" o già impiegati in precedenti ricerche. Di seguito è riportato un esempio di struttura di un questionario finalizzato all'analisi della valutazione dei risultati di un'attività di formazione.

Il questionario è un insieme formalizzato di domande per ottenere informazioni dagli intervistati in relazione agli obiettivi specifici della ricerca e alle ipotesi formulate. Domande e risposte devono avere determinate caratteristiche (Fig. 8.1).

Le domande devono essere formulate in modo tale che gli intervistati:
- devono capire le domande;
- devono conoscere le risposte;
- devono essere disponibili a fornire le risposte all'intervistatore.

Le domande, inoltre, devono essere:
- chiare (termini semplici e precisi, evitando doppie negazioni);
- non interpretabili in più modi;
- specifiche (ogni domanda deve riguardare un solo aspetto/problema).

Esistono poi domande con funzioni particolari, quali:
- *Domande filtro*. Servono a raggruppare gli intervistati (Esempio: Ha votato alle ultime elezioni? Sì – No. Se sì, ... Se No, passare a dom...).

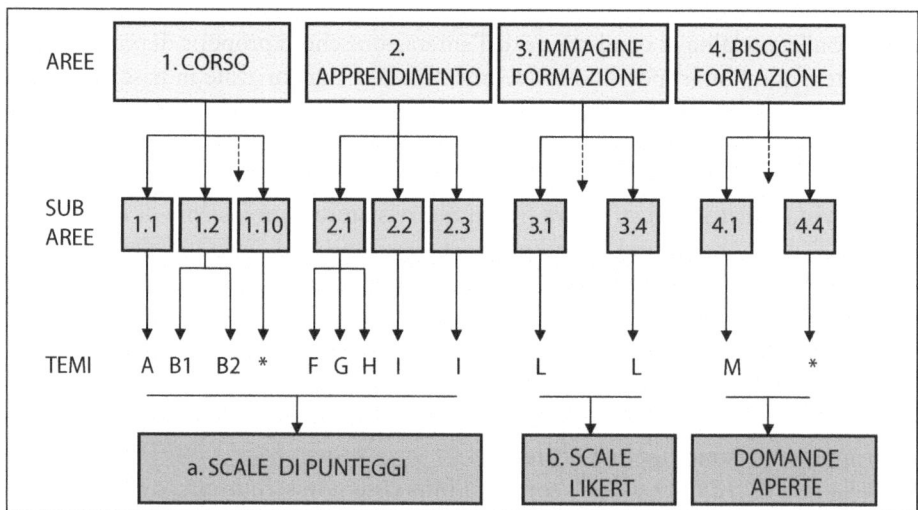

Fig. 8.1. Esempio di struttura di questionario. Modificata da: Quaglino GP, Ermolli G (1985)

---

[4] Sul questionario, oltre ai corrispondenti capitoli in tutti i testi citati in nota 9 Capitolo 7, si veda Dautriat H (1995) Il questionario: guida per la preparazione e l'impiego nelle ricerche sociali di psicologia sociale e di mercato. Angeli, Milano. 8a ed. Fac-simili di questionari sono riportati in questo volume.

- *Domande Buffer*. Sono irrilevanti ai fini delle ricerca: hanno l'unico scopo di distogliere l'attenzione dell'intervistato dalle domande precedenti.
- *Domande di controllo*. Servono a verificare la coerenza delle risposte date.

In funzione del grado di libertà che si vuole attribuire all'intervistato, le domande possono essere:
- *a risposte aperte*, quando all'intervistato è lasciato uno spazio predefinito per esprimere liberamente le sue idee e opinioni;
- *a risposte chiuse*, quando all'intervistato viene chiesto di esprimere la sua opinione semplicemente scegliendo tra un menù predefinito. Le risposte chiuse possono essere:
  - *a scelta multipla*, quando viene chiesto di scegliere da un elenco le 2-3 risposte più vicine al proprio modo di pensare o alla propria esperienza;
  - *dicotomiche*, quando si chiede semplicemente di rispondere con un sì o con un no. Queste domande hanno spesso la funzione di "filtro", nel senso che distinguono nettamente il campione in due sottoinsiemi, quelli che hanno una determinata caratteristica e quelli che non l'hanno;
  - *scale*, quando all'intervistato viene chiesto di graduare la sua risposta.

Le scale possono essere di tipi diversi. In generale è possibile distinguerle in due categorie principali:
- *Scale* comparative, quali:
  - *scale di confronto a coppie* (es.: In riferimento a un determinato servizio, cosa preferisce: i prezzi oppure la rapidità del servizio);
  - *scala a somma costante* (es.: Fatto 100 il totale, attribuire il punteggio ai seguenti attributi: velocità, prezzo, qualità).
- *Scale* non comparative, quali:
  - *classificazione continua* (es.: Può esprimere il suo grado di soddisfazione da 1 a 10);
  - *scala di Likert* (es.: Può esprimere il suo grado di accordo con una determinata affermazione: Completamente d'accordo – D'accordo – In disaccordo – Completamente in disaccordo);
  - *scala del differenziale semantico* (es.: Può valutare il suo collega sulle seguenti dimensioni:
    attento   5 4 3 2 1 distratto
    simpatico 5 4 3 2 1 antipatico);
  - *scala di Stapel (Es.: Può esprimere la sua valutazione sulla* velocità del servizio -5 -4 -3 -2 -1 $+1$ $+2$ $+3$ $+4$ $+5$).

Prima di avviare la ricerca è sempre utile "testare" il questionario su un gruppo pilota al fine di raccogliere informazioni utili a migliorare la qualità del questionario, con particolare riferimento a:
- comprensione del significato delle singole domande;
- livello di difficoltà nelle risposte;
- impegno e tempo richiesti.

Le modalità di somministrazione del questionario sono molteplici:
- questionario somministrato da un intervistatore, come nell'intervista *face-to-face* o nell'intervista telefonica;
- questionario autosomministrato, che può essere postale, via internet o via web.

Le interviste possono essere distinte in base a due differenti poli di centratura:
- intervista centrata sull'intervistatore, tendenzialmente direttiva, in cui chi programma e gestisce il colloquio rappresenta il punto focale della relazione, ne gestisce i tempi, i contenuti, gli sviluppi, orientando in un senso piuttosto che in un altro il processo dinamico che si instaura;
- intervista centrata sull'intervistato, in cui l'intervistatore attiva una relazione focalizzata sull'interlocutore, assecondandolo nei contenuti, nelle scansioni nelle tappe della relazione e consentendo così un processo dinamico guidato essenzialmente dall'intervistato.

Diversi sono gli stili che possono qualificare un processo dinamico su cui si articola la conduzione dell'intervista:
- stile duro, in base al quale l'intervistatore pone e impone le sue domande;
- stile amichevole-permissivo, in base al quale l'intervista viene condotta in modo paternalistico, accattivandosi una benevole adesione dell'interlocutore;
- stile consultivo, in base al quale si tende a realizzare una effettiva dinamica di collaborazione tra entrambi gli agenti del rapporto; ciò induce l'intervistatore a modificare il proprio comportamento anche in funzione dell'iniziativa dell'intervistato;
- stile partecipativo, in base alla quale il coinvolgimento delle parti è tale da consentire la massima interdipendenza ai fini del colloquio.

Una volta scelto lo stile di conduzione maggiormente adeguato al tipo di indagine da condurre, l'intervistatore dovrà:
- contattare (e selezionare) gli intervistati e assicurarsene la cooperazione;
- addestrare e motivare gli intervistati ad assumere il loro ruolo in quanto, se l'intervistato ha la percezione dell'importanza del proprio ruolo ai fini della ricerca, le risposte che darà saranno in linea di massima più precise e accurate;
- porre a ciascun intervistato le domande e registrarne le risposte in modo adeguato, annotando inoltre qualunque altro dato sia ritenuto pertinente circa il contesto di somministrazione.

Le storie di vita

La raccolta di storie di vita costituisce una delle tecniche più antiche fra tutte quelle usate nella ricerca empirica[5]. Alle storie di vita è dedicata, ad esempio, ampia parte

---

[5] Cfr. Ferrarotti F (1981) Storia e storie di vita. Laterza, Bari.

della famosa ricerca di William I. Thomas e F. Zananiecki sul contadino polacco in Europa e in America[6].

Possiamo considerare il corso di vita "l'insieme dei modelli di vita graduati per età, incastonati nelle istituzioni sociali e soggetti a cambiamento storico"[7]. In questo concetto sono implicite, da un lato, l'idea di identità individuale e collettiva costituite come tempo individuale, tempo delle generazioni e tempo storico e, dall'altro, l'ipotesi che l'identità individuale si costituisca attraverso relazioni sociali significative con altri soggetti in cui l'individuo si riconosce e si specchia e con i quali condivide esperienze e appartenenze.

Tale approccio biografico, consiste in una serie di tecniche metodologiche volte alla raccolta e all'analisi di racconti di vita, scritti o orali, sollecitati o autoprodotti, di soggetti "*indicati come rappresentativi di una certa realtà o significativi proprio per la particolarità del loro percorso esistenziale*"[8].

La prospettiva del corso di vita prende dunque in considerazione sia le traiettorie e le transizioni individuali – come il passaggio da un'età all'altra o da un ruolo all'altro – sia le relazioni e le appartenenze – come il gruppo dei pari o la famiglia[9].

Le tecniche di raccolta dei dati biografici si caratterizzano generalmente per una considerevole apertura dello strumento di ricerca che consente di dare spazio al ricordo spontaneo. Tuttavia sono possibili gradi diversi di strutturazione del processo di stimolo e raccolta dei dati. Per la ricostruzione delle storie di vita può essere utilizzata tanto l'analisi documentale quanto l'intervista: l'intervista in profondità non strutturata rappresenta infatti uno degli strumenti privilegiati degli studiosi che utilizzano l'approccio biografico. Seguendo tale metodologia, il ricercatore fornirà alcuni input per stimolare l'intervistato a parlare delle proprie esperienze e ricordi, lasciandolo libero di seguire il flusso dei suoi pensieri e di introdurre temi che poi saranno rilevanti ai fini della ricerca.

Al fine di limitare il rischio che il testimone sconfini in ambiti di scarso interesse ai fini della ricerca, l'intervistatore può strutturare parzialmente le interviste inserendo alcuni vincoli, quali[10]:

- vincoli temporali: fornendo all'intervistato delle indicazioni di ordine temporale che individuano l'inizio, la fine e le tappe principali della narrazione della storia di vita;
- vincoli tematici: delimitando il racconto a delle tematiche ritenute di interesse per l'indagine;
- vincoli per punti codificati: delimitando il racconto a determinati aspetti ritenuti di interesse per l'indagine.

---

[6] Thomas WI, Zananiecki F (1968) Il contadino polacco in Europa e in America. Comunità, Milano.
[7] Elder G, Pellerin L (1998) Linking History and Human lives. In: Giele J, Elder G (Eds) Methods of Life course research. Qualitative and Quantitative Approaches, pp 284-294. Sage, Thousands Oaks (CA).
[8] Siciliano E, Supplemento metodologico su cd del volume di: Melucci A (1998) Verso una sociologia riflessiva. Bologna, Il Mulino.
[9] Olagnero M, Saraceno C (1993) Che vita è. L'uso dei materiali biografici nell'analisi sociologica. Carocci, Roma.
[10] Guidicini P (1995) Questionari. Interviste. Storie di vita. Come costruire gli strumenti, raccogliere le informazioni, elaborare i dati. Angeli, Milano.

L'introduzione di tali vincoli consente di dirigere l'attenzione di intervistato e intervistatore su determinati aspetti della rilevazione ritenuti particolarmente rilevanti, pur preservando uno schema aperto di raccolta dei dati nel quale il racconto spontaneo è tendenzialmente privilegiato.

Il metodo dei casi

Tale tecnica fa emergere la verifica delle ipotesi dalle differenze tra più casi, inseriti in numero più o meno ampio entro una ricerca svolta con metodo comparativo. Esso si è rivelato particolarmente utile allo sviluppo della sociologia del lavoro e dell'organizzazione: il paragone tra tipi diversi di tecnologia compresenti nella medesima azienda ha suggerito a Touraine l'individuazione delle tre fasi di sviluppo tecnologico, la loro incidenza sui cambiamenti organizzativi e sui rapporti umani nell'impresa (Capitolo 3, Par. Il ruolo della tecnologia); la comparazione tra un numero enorme di casi ha permesso a Likert di elaborare la sua teoria sugli stili di leadership (Capitolo 6, Par. Stili di leadership).

Va inoltre segnalato che, sulla scia della *Harvard Business School*, molte scuole manageriali hanno adottato la descrizione dei casi concreti come strumenti didattici nei loro corsi di formazione e che il confronto dei casi di eccellenza ha dato origine alle esperienze di *benchmarking*[11].

Generalmente, per la costruzione del caso, si utilizzano l'analisi documentale, l'osservazione e l'intervista.

Analoga al metodo dei casi è l'analisi monografica che può essere considerata come l'analisi approfondita di un singolo caso.

---

[11] Cfr. Carbonaro A, Pagani A, Brambilla F (1958) Introduzione alla ricerca sociologica. La Nuova Italia, Firenze.

Capitolo 9
Le ricerche

La ricerca si impara facendola. Per questo motivo nei corsi universitari è molto utile affiancare alle lezioni teoriche in aula la realizzazione di indagini di gruppo sul campo. Utile è anche la lettura di buone ricerche realizzate. Qui di seguito ne vengono sintetizzate alcune. Il loro studio può contribuire a far capire meglio finalità, metodologie, difficoltà, utilità pratica delle ricerche e, in ultima analisi, il ruolo del sociologo.

Durkheim e il suicidio anomico

La ricerca sul suicidio è stata condotta da Emile Durkheim nel 1897 sulla base di dati statistici, fornitigli dalla Prefettura di Parigi. È questo quindi un tipico caso di ricerca documentale, condotta *on desk*.

L'ipotesi di partenza era che fosse possibile dimostrare la causa sociale del suicidio, fornendo una descrizione estensiva di tutti i possibili nessi intercorrenti fra le diverse variabili sociali e il tasso dei suicidi.

Gli obiettivi della ricerca erano sostanzialmente due:
- falsificare le teorie a medio raggio correnti, che vedevano il suicidio come dipendente da variabili extrasociali, e in particolar modo dai disturbi mentali;
- confermare una proposizione generale in forma di legge che leghi la variabile dipendente (suicidio) a una classe di ipotizzate variabili indipendenti di natura sociale.

Durkheim quindi procede utilizzando la tecnica dell'analisi multivariata, malgrado non ne rispetti tutti i requisiti logici. Egli infatti introduce variabili diverse da quella dell'insanità mentale per mostrarne la connessione con il suicidio e la non connessione con l'insanità mentale stessa. Così egli riscontra che anche se la follia è assai più frequente fra gli ebrei che fra i cattolici e i protestanti, "*ovunque, senza eccezione alcuna, i protestanti forniscono assai più suicidi che non i fedeli degli altri culti*"[1].

Utilizzando un procedimento analogo, Durkheim mostra l'irrilevanza, ai fini del suicidio, di altri fattori extrasociali.

---

[1] Cfr. Durkheim E (1977) La divisione del lavoro sociale. Comunità, Milano, p 135.

Dopo aver verificato che il tasso del suicidio varia indipendentemente da caratteri ereditari e condizioni climatiche, Durkheim osserva che vi è corrispondenza tra l'integrazione sociale, intesa come coordinamento organico fra gli individui che avviene nella società sulla base di valori comuni e solidarietà, e il tasso dei suicidi, nel senso che l'uno è inversamente proporzionale all'altro. Inoltre, il tasso aumenta in casi di crisi economica o di crescita economica. Durkheim afferma quindi che nei casi in cui i vecchi valori sono caduti e non sono stati sostituiti da nuovi, quindi nel caso di società in via di sviluppo, si verifica un divario tra le motivazioni personali e i valori tradizionali; divario che conduce a una condizione di anomia che incoraggia il suicidio.

Durkheim utilizza lo stesso schema esplicativo per mostrare la funzione di guida della Chiesa nei paesi non ancora industrializzati a fronte di un iper-individualismo proprio dei paesi protestanti dove più alto era il tasso dei suicidi. Quanto ai gruppi religiosi, rileva che tale tasso è più basso presso gli ebrei in ragione della loro maggiore coesione. Inoltre osserva che tale tasso è più basso nei periodi bellici nei quali si sviluppa una maggiore solidarietà.

Durkheim distingue inoltre il suicidio anomico da quello egoistico e da quello altruistico:
- il *suicidio altruistico* è caratterizzato da una eccessiva interiorizzazione delle norme sociali che induce l'individuo ad autoannullare se stesso. Tale suicidio è dunque strettamente legato a gruppi ad alta coesione sociale, nei quali i fini collettivi del gruppo sono per principio considerati fini individuali, per cui l'individuo conta e ha valore solo in quanto membro del gruppo. Questo è il caso del suicidio dei kamikaze o anche degli anziani e dei malati socialmente inutili;
- il *suicidio egoistico* è invece caratterizzato dal prevalere delle motivazioni personali rispetto a quelle societarie e dunque quando la coscienza individuale prevale su quella collettiva. In tal caso la responsabilità e la libertà di scelta personale sono valori predominanti e a essi, più che alla tradizione, si fa ricorso nei momenti di crisi. Questo è il caso del vedovo che alla morte della moglie perde i punti di riferimento e si toglie la vita;
- il *suicidio anomico* è in correlazione con lo stato di anomia, il cui concetto costituisce uno dei contributi più importanti fornito da Durkheim al pensiero sociologico. Tale suicidio è funzione delle condizioni storico-sociali ed economiche.

La spiegazione di Durkheim che vede il tasso dei suicidi come funzione di condizioni socio-economiche è ancora oggi ritenuta valida, malgrado la parzialità di ogni spiegazione monocasuale. La principale critica mossa a tale indagine è dovuta al fatto che l'autore si è servito unicamente di elementi quantitativi, prescindendo quindi dalle motivazioni soggettive del suicidio. L'opera durkhemiana avrebbe potuto infatti raccogliere ulteriori informazioni tratte ad esempio da interviste dirette in società in cui il tasso di suicidio era elevato. In tal modo, amalgamando tra loro i diversi dati rilevati, Durkheim avrebbe potuto svolgere un'indagine capace di andare oltre il dato puramente quantitativo e di scavare in profondità le motivazioni soggettive alla base del fenomeno.

Benfield e il familismo amorale

Tra gli studi di comunità, di notevole interesse è l'indagine condotta da E. C. Benfield nel 1945-55 su Montegrano, nome fittizio di un comune in provincia di Potenza. I risultati di tale indagine sono raccolti nell'opera *The Moral Basis of a Backward Society*, tradotta successivamente in italiano con il titolo *Una comunità del Mezzogiorno*. La tesi in essa sostenuta è che in tutto il Mezzogiorno è diffuso un *familismo amorale*.

La tecnica usata in tale studio, come in tutti gli studi di comunità, è fondamentalmente l'osservazione partecipante, attraverso cui l'uomo è colto nell'ambiente naturale in cui trascorre la sua giornata. Tale ambiente contribuisce quindi a far percepire allo studioso la dimensione dell'esistenza del soggetto analizzato. In tal modo è quindi possibile venire a conoscenza dei valori dell'uomo reale. Osservando le varie reazioni e i modi di agire del soggetto analizzato, in relazione alle varie situazioni problematiche e cruciali che si pongono sul suo cammino, è inoltre possibile comprendere in profondità il senso che egli ha della vita nonché delle proprie e altrui azioni.

I risultati di questa e di altre analoghe ricerche, sono di grande interesse non solo per lo studioso e il ricercatore locale, ma anche per l'operatore sociale. Esse infatti costituiscono il punto di partenza per la pianificazione di programmi di intervento o anche di tipo educativo. L'indagine stessa costituisce, d'altra parte, uno strumento educativo in quanto si avvale della collaborazione attiva e consapevole dei membri della comunità, producendo in essi una presa di coscienza dei loro problemi.

Molti studiosi hanno però criticato la ricerca di Benfield, sia per il concetto stesso di familismo amorale, che per l'illecita estensione a tutto il Meridione di dati raccolti in una delimitata realtà comunitaria. Critiche sono state inoltre mosse all'indagine, per via della mancata analisi delle correlazioni tra le condizioni di vita dei montegranesi e le loro concezioni familistiche. Tali critiche hanno posto le basi per nuove ricerche condotte nella stessa area.

Elton Mayo e gli esperimenti di Hawthorne

Questa ricerca fu condotta a Cicero, nei pressi di Chicago, presso gli stabilimenti Hawthorne della Western Electric Company, tra il 1924 e il 1932. Tali studi, voluti dalla direzione aziendale, pur non essendo particolarmente sofisticati dal punto di vista metodologico, seguono fedelmente l'approccio sperimentale della ricerca esplicativa.

L'ipotesi iniziale da verificare era che il rendimento dei lavoratori fosse variabile dipendente del livello di illuminazione dello stabile.

Si procedette quindi misurando il variare di y (produzione) al variare di x (illuminazione). Inizialmente si riscontrò che la produzione cresceva con l'aumento del livello di illuminazione. Si trovò anche, per contro, che riportando l'illuminazione ai livelli iniziali, la produzione non calava come invece ci si sarebbe aspettati. I ricercatori compresero quindi, che vi era una necessità di *controllo* dei dati empirici.

Progettarono quindi un vero *esperimento*, suddividendo il reparto in due metà e assumendo la prima come *gruppo sperimentale* (operando dall'esterno sull'intensità dell'illuminazione) e la seconda come *gruppo di controllo* (lasciando invariata l'intensità dell'illuminazione).

L'équipe si aspettava di riscontrare una crescita della produzione solamente nel gruppo sperimentale, dove l'illuminazione era stata aumentata: accadde invece che in entrambi i gruppi la produzione presentò un significativo e uniforme incremento.

I ricercatori insistettero quindi con l'esclusione della luce proveniente dalla finestra e con la progressiva riduzione dell'illuminazione artificiale. Malgrado si raggiunsero limiti minimi di illuminazione, non si riscontrarono vistose diminuzioni nella produzione.

Successivamente i ricercatori tentarono un esperimento combinato consistente nella riduzione e nell'incremento (prima reale e poi fittizio) dell'illuminazione, ponendo sempre il gruppo sperimentale al centro dell'attenzione. Come al solito il livello della produzione non subì forti diminuzioni al diminuire dell'illuminazione. Si notò invece che, all'aumento dell'illuminazione, sia reale che fittizio, gli operai non aumentavano la loro produzione, mantenendosi sempre su standard uniformi e superiori al normale. Gli studiosi del Mit e i tecnici dell'azienda impegnati nella ricerca, nel constatare il fallimento dell'ipotesi iniziale, dedussero quindi che le affermazioni dello *scientific management* circa un legame elementare e diretto tra le condizioni fisiche dei lavoratori e il loro rendimento non erano sufficienti a spiegare un fenomeno complesso e influenzato da molteplici fattori. La direzione aziendale ingaggiò una nuova équipe, supervisionata dallo psicologo Elton Mayo, che nel 1927 avviò la seconda fase delle ricerche.

Tale nuova fase abbandonò l'approccio rigidamente sperimentale e si articolò in una serie di studi basati sulle tecniche dell'osservazione, dell'intervista e dell'esperimento. Il disegno di ricerca fu quindi spostato sul versante descrittivo, pur mantenendosi ricco di aspetti esplicativi. La ricerca fu suddivisa in tre distinti esperimenti al fine di individuare i fattori che favoriscono il rendimento operaio. L'esperimento iniziale, noto come *Relay Assembly Test Room* (sala prova assemblaggio *relays*), fu strutturato in maniera diversa dai precedenti: fu stabilito che tutti gli operi avrebbero svolto il medesimo compito di tipo ripetitivo (assemblaggio dei *relays* telefonici), della durata di circa un minuto, per consentire comparazioni della produttività personale; secondariamente fu costituito un unico gruppo sperimentale, formato da sei operaie "provette", individuate invitando due lavoratrici esperte a partecipare all'esperimento ed esortandole a scegliere gli altri membri del gruppo; fu inserito all'interno del gruppo un osservatore cui spettava il compito di registrare tutto ciò che accadeva e di mantenere un'atmosfera amichevole nel locale dell'esperimento; fu inoltre eliminato il gruppo di controllo; l'esperimento, che durò cinque anni, fu articolato in diversi periodi, ciascuno dei quali formato da un numero ineguale di settimane e caratterizzato dall'introduzione e/o dal cambiamento di alcune variabili, stabilite di volta in volta sulla base dei risultati ottenuti.

Alle variazioni dell'illuminazione furono così aggiunte e alternate pause crescenti, aumenti retributivi, pasti caldi o caffè a metà mattina, settimana corta e così via, seguendo il criterio di progressivo miglioramento delle condizioni lavorative. Si rilevò un incremento costante della produttività e, anche dopo aver ripristinato la situazione di partenza, la produzione non tornò mai ai livelli originari. Per spiegare l'aumento di produttività, gli studiosi si basarono su due ipotesi: la prima vedeva l'incremento di produttività funzione diretta del nuovo sistema di incentivi; la seconda percepiva tale aumento come legato ai cambiamenti riguardanti il sistema di controllo e le interrelazioni sociali tra le operaie, caratterizzato da lealtà e solidarietà di gruppo, e tra queste e i loro capi. Al fine di individuare quale fosse tra questi due, il fattore maggiormente determinante, vennero preparati altri due esperimenti: il secondo *Relay Assembly Test Room*, nel quale fu introdotto nel gruppo sperimentale un nuovo metodo di pagamento; e il *Mica Splitting Test Room* (sala prova taglio mica), nel quale furono introdotte tutte le variazioni apportate nel primo *Relay Assembly Test*, tranne che per il sistema di pagamento a incentivi che restò identico a quello in uso nel reparto. In entrambi i casi, i ricercatori registrarono un lieve ma costante aumento della produttività e il cambiamento più legato alle variazioni della produttività, apparve essere quello relativo all'alterazione del tipo di controllo. Il cambiamento dei meccanismi di controllo non poteva però essere l'unico responsabile dell'incremento della produttività, poiché lo stesso cambiamento non aveva prodotto nel *Mica Splitting Test* il medesimo risultato. Questi esperimenti, oltre a dimostrare l'importanza di un diverso tipo di controllo sull'andamento della produttività, dimostrarono l'importanza del fattore "gruppo": mentre il *Relay Assembly Test* era una storia di gruppo, il *Mica Splitting Test* era una storia di individui, che non erano riusciti a integrarsi in un gruppo armonico.

La fase successiva della ricerca è costituita da un programma di interviste e da un ulteriore esperimento, denominato *Bank Wiring Observation*. I ricercatori procedettero quindi chiedendo direttamente agli operai e agli impiegati quali fossero le loro opinioni sul lavoro, sulle condizioni lavorative e sul controllo, al fine di individuare i motivi di lamentela e di soddisfazione. Poiché tali interviste necessitavano di essere integrate con un'analisi della situazione di fabbrica, fu condotta un'osservazione diretta della vita di un reparto, tramite la quale fu possibile conoscere in maniera precisa le relazioni interne e le attività di gruppo e individuare i fattori di solidarietà o di antagonismo informale tra gli operai. Tale tecnica non prevedeva alcun cambiamento sperimentale e prevedeva anche che nulla fosse detto ai lavoratori sullo studio in corso, per non alterare la situazione di base. Durante la prova, i ricercatori rilevarono una "restrizione" della produttività, da ricollegare non a problemi interni del gruppo ma solamente alla crisi economica in corso, che aveva condotto già alla chiusura di molti reparti della *Western Electric Company*. I lavoratori infatti, essendo consapevoli di tale crisi, ridussero la loro produttività al fine di dimostrare la necessità di permanenza di ciascuno di loro in fabbrica. Il gruppo si organizzò elaborando una sua politica nel controllo del lavoro: tramite un sistema proprio di comunicazioni e di ruoli, il gruppo mantenne la sua unità e il suo equilibrio, recuperando i devianti e convincendo i "crumiri", facendo sì che il lavoro fosse equamente distribuito.

L'azienda si configura quindi come un sistema in cui le relazioni sociali che si instaurano all'interno del gruppo e tra i membri di questo e il leader, tra capo e subordinati, tendono a costruire una rete di influenze reciproche in parte determinata dall'organizzazione psicologica del gruppo, ossia dalla sua struttura informale e dalle sue motivazioni.

In Figura 9.1 sono illustrati i modelli di riferimento adottati nella prima e nella terza fase della ricerca, da cui appare immediatamente evidente il diverso livello di complessità con cui è studiato il fenomeno della produttività.

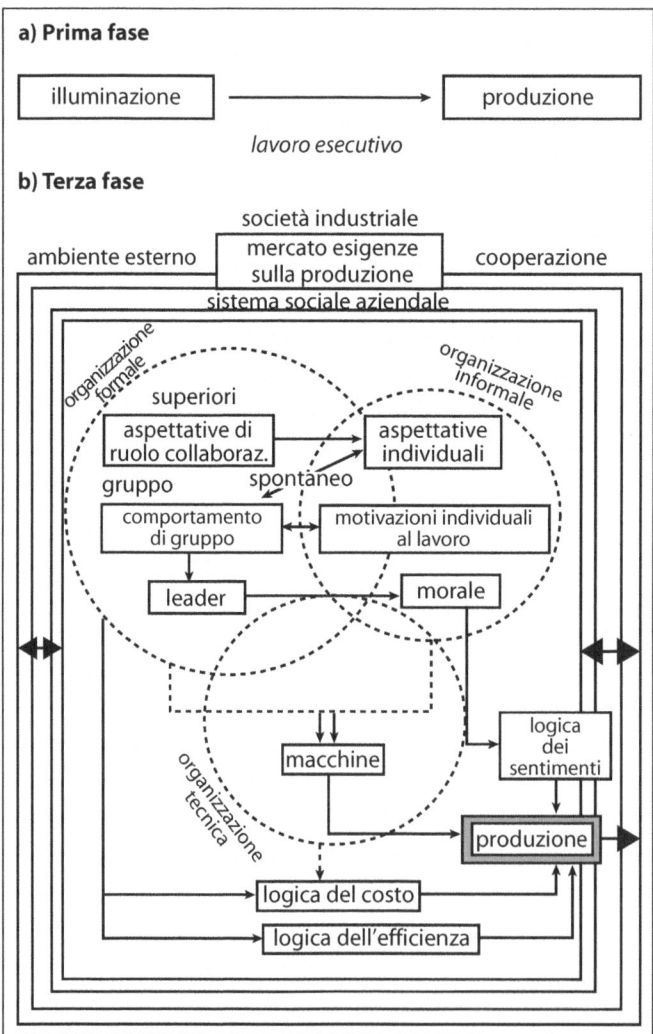

Fig. 9.1. Modelli della ricerca di Hawthorne. Modificata da: Piezzo S (1984)

I risultati della ricerca forniscono indicazioni preziose per manager e dirigenti aziendali. Essi mettono in evidenza il fatto che il tipo di organizzazione sociale che viene a formarsi all'interno di un'azienda è strettamente legato all'efficienza dell'azienda globalmente intesa. Analogamente, il successo che l'azienda riesce a conseguire in ordine all'equilibrio esterno è direttamente condizionato dalla sua organizzazione interna. Ne discende che il compito primario della direzione aziendale consisterà nell'indirizzare la cooperazione spontanea dei lavoratori in modo da far loro acquisire la consapevolezza della propria funzione sociale, senza la quale nessun lavoro può essere soddisfacente. Questo scopo può essere raggiunto solo se il management aziendale provvederà a conoscere e a valutare le necessità psicologiche e sociali degli individui, riducendo al minimo le frustrazioni e le tensioni.

Le ricerche di Hawthorne forniscono inoltre il fondamento di due importanti principi metodologici:
- il progetto di ricerca ad ampio respiro necessita di una integrazione della dimensione descrittiva con quella esplicativa del disegno;
- di conseguenza, la rilevazione dei dati non è esaustiva se avviene con l'adozione di una sola tecnica.

Le ricerche ISVET sui lavoratori manifatturieri in Italia

L'Istituto per lo sviluppo economico e tecnico (ISVET) ha condotto due rilevazioni demoscopiche, la prima nel 1971 e la seconda nel 1982, sui lavoratori dipendenti delle industrie manifatturiere italiane[2]. Il fine dei due sondaggi era quello di comparare i risultati ottenuti, verificando quindi le eventuali variazioni nella condizione dei lavoratori, nelle loro aspirazioni e comportamenti. Il disegno di ricerca era dunque sia di tipo conoscitivo, volto all'analisi della condizione, degli obiettivi e delle politiche auspicate dai lavoratori dipendenti; che operativo, volto a fornire le basi per la creazione di tali politiche di lavoro.

In particolare la ricerca del 1971 fu progettata in seguito alle agitazioni che turbarono il mondo del lavoro in occasione dei rinnovi contrattuali del 1969 e si protrasse fino al 1974. Essa venne articolata in quattro diverse fasi:
1. *La prima fase* prevedeva lo studio dei materiali teorici e delle ricerche già condotte che condusse ad una sintesi di tutti i dati riguardanti la rivoluzione in atto nel mondo del lavoro.
2. *La seconda fase* prevedeva la discussione guidata della sintesi creata, sulla base della quale fu possibile delineare le ipotesi della ricerca e redigere e collaudare il questionario necessario all'indagine demoscopica. Venne inoltre individuato il campione di lavoratori da intervistare e fu organizzata la rete di rilevazione a livello nazionale.

---

[2] La Rosa M (1999) Problemi del lavoro e strategie di ricerca empirica: un percorso attraverso alcune ricerche classiche. Franco Angeli, Milano.

3. *La terza fase* riguardava la rilevazione sul campo, che consisteva essenziamente nella somministrazione del questionario a 7.049 lavoratori di cui 1.617 dipendenti pubblici. Tale rilevazione permise di pervenire ai dati che costituiscono la base empirica della ricerca.
4. *La quarta fase* fu invece dedicata alla codifica, tabulazione ed elaborazione elettronica dei dati contenuti nei questionari. Dopo aver elaborato i dati qualitativi così ottenuti, si procedette quindi alla stesura e alla pubblicazione del rapporto finale.

Le ipotesi che furono formulate nel corso della seconda fase della ricerca riguardano ambiti diversi. Una prima serie di ipotesi riguarda la *condizione dei lavoratori nell'azienda*:

- All'interno delle aziende manifatturiere è in atto un processo evolutivo dell'organizzazione, da forme pre-capitalistiche a forme neo-capitalistiche. Ne consegue un graduale decentramento delle decisioni esecutive e un corrispondente accentramento di quelle politiche: i lavoratori si trovano quindi a partecipare maggiormente allo scambio di informazioni relative alle loro mansioni, mentre restano esclusi sia dal processo decisorio che dalla divulgazione delle informazioni circa le decisioni prese.
- La crescita delle dimensioni aziendali e la razionalizzazione dei metodi produttivi porta a un incremento del grado di burocratizzazione della gestione e di formalizzazione del lavoro. Diverse sono le conseguenze di tali processi, prime tra tutte una progressiva riduzione dell'area di discrezionalità dei lavoratori dipendenti e un accentuarsi della distanza esistente tra i vertici e la base della piramide.
- Per tutte le ragioni precedentemente viste, l'integrità psico-fisica del lavoratore dipendente viene meno. La sua condizione quotidiana di vita assume quindi un carattere patogeno a causa dei rischi lavorativi (infortuni), della percezione di tali rischi, e delle precarie condizioni di vita della gran parte dei lavoratori italiani.
- Nelle aziende manifatturiere non si è ancora raggiunta la gestione neocapitalistica del personale. Il potere è anzi gestito dai vertici in maniera autoritaria, lasciando poco spazio alla partecipazione attiva del personale. I flussi informativi tra direzione e lavoratori sono quindi molto deboli e ulteriormente indeboliti da una diffusa sfiducia di questi nei confronti di quella.
- I lavoratori diventano consapevoli della loro rilevanza soggettiva in quanto le prestazioni richieste a ognuno di essi, risultano essere sempre più insostituibili, assicurando la continuità del ciclo di produzione e del flusso di lavoro. Tale rilevanza garantisce ai lavoratori un accresciuto potere contrattuale, sia in termini economici che normativi.
- Alcune imprese adottano forme meno autoritarie di leadership e tentano di coinvolgere maggiormente il sindacato, affidandogli la gestione del dissenso. Tutto questo per evitare eventuali e sempre più probabili conflitti, dovuti alla presa di coscienza della posizione antagonistica in cui il dipendente si trova nei confronti dell'azienda. Tale presa di coscienza è però ostacolata dallo stato di alienazione e di anomia derivante dall'organizzazione capitalistica del lavoro. Per i lavoratori oggetto

della presente ricerca, si ipotizza che tale stato derivi da cause precise: dalla riduzione del lavoro da fatto creativo a fatto strumentale; dai vantaggi che ogni lavoro dipendente offre quanto più ci si allontana dal pieno impiego; dalla schizofrenia derivante dal lavoro parcellizzato che impedisce al lavoratore di vedere le negatività della propria condizione subordinata; dall'"educazione" del lavoratore ad aspettarsi dal lavoro compensi solamente di tipo strumentale ed economico.

Per quanto riguarda i lavoratori dipendenti, tale stato di alienazione si manifesta nell'assenza di informazioni, di potere e di integrazione sia nei confronti del sistema aziendale, che di ogni sistema intra ed extraziendale. Per giungere alla formulazione definitiva del questionario, i ricercatori tradussero le proposizioni teoriche del quadro di riferimento in concetti operativi formulati in termini constatativi. Procedettero quindi alla costruzione di sette indici (di sindacalizzazione, di partiticizzazione, di conflittualità, di associazionismo, di autorealizzazione, di sicurezza nel lavoro, di democraticità dell'azienda) e alla creazione dei rispettivi indicatori.

Il questionario definitivo era in forma strutturata e si componeva di 148 quesiti da sottoporre all'intervistato, più 16 quesiti cui doveva rispondere l'intervistatore. Il tempo di somministrazione risultò di circa 60 minuti.

L'universo di riferimento era costituito da 10.310 stabilimenti con più di 50 dipendenti, mentre la numerosità dei campioni è stata calcolata in base al campionamento casuale semplice, con estrazione senza reinserimento.

Data la difficoltà, propria di ogni indagine demoscopica, di sintesi dei risultati ottenuti, verranno riportate solamente le impressioni principali tratte dalla ricerca. In primo luogo apparve poco rilevante la distinzione tra le condizioni dei lavoratori nella fabbrica e quelle dei lavoratori nella società. Ciò era dovuto ai modi di subordinazione, brutali in entrambi i casi, e al fatto che i ruoli e lo status del lavoratore fossero stabiliti ancor prima del suo ingresso in azienda, nelle fasi di socializzazione e scolarizzazione. La posizione del lavoratore nell'azienda derivava quindi direttamente dalla propria situazione socio-familiare anziché dai propri meriti personali. Dai risultati emerse anche che gli intervistati con una retribuzione più alta erano anche quelli che godevano di un ambiente più sano, di una mansione più creativa e di maggiori informazioni circa le politiche dell'azienda e il senso del proprio lavoro. Apparve anche evidente la discriminazione in atto nei confronti delle donne, cui erano riservate le mansioni più monotone e meno creative. L'organizzazione aziendale contribuiva a fare da moltiplicatore a tali discriminazioni, sia in maniera indiretta (contribuendo ad esempio all'espulsione delle donne dal lavoro agricolo senza assumerle poi in fabbrica) sia in maniera diretta (assegnando loro mansioni meno creative per non renderle capaci di svolgere lavori più qualificati).

Ulteriori differenziazioni emersero sia tra le aziende pubbliche e quelle private, sia tra settore e settore, sia ancora tra sub-sistemi. I dipendenti pubblici risultarono essere meno alienati, più combattivi, sindacalizzati e politicizzati, malgrado lo stile di gestione fosse analogo a quello assunto nel settore privato. La ragione di tali differenze è probabilmente da ricondurre alle maggiori dimensioni delle aziende pubbliche nonché ai settori produttivi cui queste generalmente appartengono, caratterizzati da particolari professionalità e processi di lavorazione. All'interno delle stesse aziende furono inoltre riscontrate differenze sostanziali tra i diversi sub-sistemi: il progresso tecnologico e la ristrutturazione organizzativa avevano interessato la produttività e non il lavoratore, che pur percependo quindi una maggior retribuzione era sottoposto a un maggior disagio dovuto all'aumento della monotonia, della rumorosità, della fatica fisica e così via. Tale disagio accomunava gli operai e gli impiegati, avvicinandoli anche dal punto di vista remunerativo, sebbene le frustrazioni per la carenza di potere formale fossero più acute tra gli operai.

Malgrado questo, la maggior parte degli intervistati si disse soddisfatta del proprio lavoro e ciò va ricondotto al loro livello di alienazione, causa di incapacità a comparare la propria situazione con modelli alternativi.

Dalla ricerca emerse che i lavoratori, a fronte della loro maturazione politica, dell'azione dei sindacati e delle altre avanguardie, avevano preso coscienza della propria condizione di alienati, dovuta principalmente al fatto che l'operaio veniva considerato merce e al fatto che il prodotto del proprio lavoro fosse percepito come oggetto *esterno*. I lavoratori maturarono inoltre la consapevolezza che la produzione di merci imposte e non autonomamente richieste, li portava a incrementare il consumismo e quindi la forza antirivoluzionaria per eccellenza; come anche che i luoghi di lavoro danneggiavano il corpo e lo spirito dei lavoratori stessi, soprattutto per via della loro nocività e della riduzione dei contenuti creativi. Nacque inoltre la consapevolezza che, poiché il lavoro dipendente apparteneva al datore, non poteva appartenere al lavoratore, che quindi lo viveva come passività e svilimento.

Il fatto che i lavoratori, malgrado i disagi provati, continuassero a recarsi quotidianamente al proprio lavoro, è da ricondurre non tanto alla loro alienazione, quanto al fatto che in tal modo sarebbero rimasti meno tempo in città, ambiente considerato ancor più nocivo e avvilente della fabbrica stessa.

Capitolo 10
Il ruolo del sociologo ed etica della professione

Il sociologo come agente di cambiamento

L'intento della sociologia di studiare scientificamente la società comporta inevitabilmente delle conseguenze sociali, chiama in causa le istituzioni, direttamente o indirettamente mette in discussione credenze, consuetudini e comportamenti tradizionalmente accettati.

La sociologia, quindi, può essere intesa come "scienza del cambiamento" e il sociologo come "agente di cambiamento".

Per questi motivi, la professione del sociologo, se svolta con scrupolo, risulta estremamente difficile e comporta numerosi disagi. Ogni sociologo deve essere consapevole fin dall'inizio di ogni sua ricerca che "il ruolo delle scienze sociali – come diceva Lynd – è di essere molesto, di criticare gli ordinamenti abituali con cui tentiamo di vivere assieme e di dimostrare la possibilità di mutamenti verso direzioni più adeguate".

Sotto questo aspetto, è del tutto normale che una buona ricerca finisca per urtare contro diffidenze e resistenze da parte dei centri del potere costituito che spesso vedono negli intervistatori degli intrusi fastidiosi.

Il rapporto con il committente

Comunemente l'individuazione del problema non è compito del ricercatore ma del committente. Tutto il processo di ricerca nasce dalla commessa, ovvero dalla percezione che ha il committente dell'importanza del problema e dalla sua disponibilità ad investire risorse (tempo, denaro, ecc.) per la soluzione del problema stesso. Le ricerche rappresentano così molto spesso un lusso che possono permettersi solo aziende, istituzioni e paesi ricchi, mentre piccole aziende, istituzioni sociali (come scuole e ospedali), associazioni di cittadini difficilmente possono usufruirne. La sociologia rischia così di divenire strumento di conservazione, e il lavoro del ricercatore risulta spesso condizionato dalle caratteristiche della commessa, che generalmente delinea il problema che si vuole risolvere e fissa obiettivo generale, tempi e costi.

Il committente generalmente, prima di affidare l'incarico al ricercatore, si aspetta di ricevere un'analisi accurata del problema che lo aiuti a comprenderne le cause e un piano di attività coerente con quell'analisi e idoneo a risolvere il problema dato. Il rapporto è spesso dialettico, articolato in più momenti, e si conclude con la valutazione che viene fatta dal committente: il rapporto iniziale si trasforma in committenza solo se il progetto di ricerca presentato risulta convincente.

È da tener presente che spesso il committente si rivolge a più consulenti a cui chiede un'offerta tecnica ed economica utile alla soluzione di un dato problema: il committente sceglierà il progetto che ritiene più interessante e più conveniente, cioè il progetto che gli offrirà le maggiori probabilità di successo al minor costo. Similmente funziona nei bandi di gara emanati dalle pubbliche amministrazioni o per le iniziative e i programmi comunitari, dove ogni progetto segue un "ciclo di vita" standard, composto dalle seguenti fasi:
- macroprogrammazione, in cui sono prese le decisione politiche "a monte" di un singolo intervento progettuale, ovvero fase in cui la Commissione Europea stabilisce, di concerto con gli Stati Membri, le linee guida di un programma o di una Iniziativa Comunitaria ed emette quindi "il bando";
- identificazione, in cui viene definita una prima idea-progetto ancora non dettagliata che assume il valore di proposta progettuale;
- progettazione esecutiva (*formulation*), in cui, a seguito di uno studio di fattibilità, la proposta progettuale assume la sua veste definitiva, con la descrizione o previsione degli aspetti più di dettaglio (quantità, costi ecc.);
- finanziamento (*contracting*);
- realizzazione dell'intervento progettuale, al cui interno di svolgono le azioni di monitoraggio e valutazione in itinere;
- valutazione ex-post, in cui si avvia una riflessione sui risultati raggiunti dal progetto, che dovrebbe indurre i responsabili della programmazione a definire programmi sempre migliori o anche fornire elementi utili per l'identificazione di ulteriori idee-progetto nell'ambito di quel programma.

Nel rapporto committente-ricercatore si possono individuare tre incontri "cruciali":
- uno iniziale in cui il committente illustra al consulente il problema che vuole affrontare e fornisce una serie di informazioni sull'attività e l'organizzazione;
- uno intermedio, in cui il consulente, dopo aver studiato il caso e aver verificato i vincoli economici e temporali in cui muoversi, presenta la proposta progettuale che il committente dovrà approvare;
- uno conclusivo, in cui il consulente presenta i risultati della ricerca al committente.

È appena il caso di notare che generalmente è il committente a decidere l'utilizzo dei risultati ottenuti. Quando i risultati non sono graditi, perché magari pongono il committente di fronte a decisioni che non vuole prendere, o sono ritenuti inutili o addirittura nocivi rispetto al problema che si vuole affrontare, allora i rapporti di ricerca non trovano applicazioni concrete e finiscono spesso per essere presto dimenticati.

Gestire correttamente il rapporto con il committente e con le persone "oggetto" della ricerca non sempre è facile. È importante che il comportamento del sociologo sia fortemente orientato da principi etici chiari e non negoziabili.

Codice Deontologico

Il successo della professione e il diffondersi delle ricerche ha certamente fatto fare progressi alla conoscenza sociale e alla specializzazione delle metodologie; al tempo stesso ha però prodotto un abbassamento qualitativo delle indagini. E ciò perché gli oggetti d'indagine spesso corrispondono soltanto ad argomenti di moda, piuttosto che a studi sistematici legati a reali problemi sociali; oppure sono affrontati da ricercatori frettolosi o scorretti o improvvisati.

Per ovviare a tale problema, la Società Italiana di Sociologia ha formulato un apposito Codice Deontologico del sociologo che contiene l'insieme dei principi e delle regole che ogni sociologo deve osservare e ai quali deve ispirarsi nell'esercizio della sua professione, a prescindere dall'ambito e dal ruolo di svolgimento della propria attività.

Il complesso dei principi e delle regole del Codice Deontologico costituisce un indispensabile strumento per il controllo delle attività svolte dai sociologi e fornisce una garanzia per tutti coloro che sulla base delle ricerche fondano le loro decisioni o tentano di risolvere dei problemi.

Relativamente a compiti, doveri e responsabilità, il Codice Deontologico stabilisce che:

- La professione di sociologo si esplica sulla base di una conoscenza scientifica che utilizza metodi di indagine sistematici, analisi di dati, formulazione di teorie corroborate da prove empiriche riferite all'agire dotato di senso degli individui e dei gruppi sociali. La professione di sociologo ha come scopo fondamentale quello di accrescere negli individui considerati nei loro ruoli, nei gruppi sociali considerati nelle loro tipologie, nelle organizzazioni considerate nelle loro forme e funzioni, la consapevolezza della situazione in cui operano, delle differenze che li caratterizzano, degli effetti, intenzionali e non, del loro agire, delle conseguenze che si possono determinare nella società. In quanto pratica sociale, la professione di sociologo si applica, mediante la costruzione di conoscenze e la crescita di autoconsapevolezza, alla soluzione di problemi connessi con il funzionamento delle organizzazioni, con l'assunzione di decisioni, con la predisposizione, la realizzazione e la valutazione di programmi e di interventi nei quali il sociologo interagisce con le altre professioni sociali, oltre che con tutti gli attori che fanno parte del contesto dell'intervento stesso (Art. 2).
- Compito del sociologo è quello di produrre ed utilizzare, con competenza, responsabilità, coscienza ed indipendenza di giudizio, conoscenze fondate su teorie, metodi e tecniche propri dell'analisi sociologica, nel rispetto delle persone coinvolte nel suo lavoro e dal suo lavoro, senza soggiacere ad interessi o avvalersi di posizioni di potere a vantaggio della sua attività professionale, ricercando, tramite il carattere pubblico della sua attività, la maggiore obiettività possibile nell'analisi della realtà sociale in tutti i suoi aspetti (Art. 3).
- Nelle procedure di raccolta delle informazioni, il sociologo deve aver cura di spiegare, con le modalità e nei tempi propri della strategia di ricerca adottata, la sua identità professionale, così come la natura e gli obiettivi della sua attività (Art. 4).

- Nell'esercizio del suo ruolo professionale, il sociologo non deve violare il principio della volontarietà nel fornire informazioni personali da parte di singoli individui, di gruppi, di organizzazioni o istituzioni, evitando che, per qualunque causa, si creino situazioni di obbligo o di manipolazione (Art. 5).
- È dovere del sociologo far sì che la raccolta, l'utilizzazione e la divulgazione delle informazioni non rechino pregiudizio a coloro che le forniscono ed a coloro ai quali tali informazioni sono rivolte, salvaguardando il diritto delle persone alla riservatezza e all'anonimato. A questo scopo devono essere protetti gli archivi di informazioni ed i dati raccolti sotto il vincolo del segreto o dell'anonimato (Art. 6).
- Il sociologo rispetta i diritti, la dignità e il valore di tutte le persone, si sforza di eliminare i pregiudizi e qualunque forma di discriminazione basata su caratteristiche personali. Il sociologo, nelle attività inerenti il proprio lavoro, rispetta le differenze ideologiche e i diritti degli altri ad avere valori, attitudini e opinioni differenti (Art. 7).
- Qualora per lo svolgimento del lavoro sia necessario l'apporto di altri sociologi o di collaboratori, il sociologo ha il diritto-dovere che essi siano qualificati e di sua fiducia: nei confronti dei collaboratori egli ha il dovere del rispetto, della promozione professionale, dell'equità nei compensi, del riconoscimento del loro contributo nelle pubblicazioni.
- Il sociologo è responsabile dei risultati del proprio lavoro e delle modalità della loro divulgazione; nel rendere pubblici i suoi risultati il sociologo indicherà le fonti, relative a studi e a strumenti di ricerca, che ha utilizzato e le collaborazioni di cui ha usufruito (Art. 8).
- Il sociologo è tenuto a rispettare la riservatezza ed ha l'obbligo di proteggere l'informazione riservata e le fonti di tale informazione (Art. 9).
- Il sociologo deve essere a conoscenza dei limiti della riservatezza derivanti da norme stabilite dalla legge ed è tenuto a metterne al corrente coloro dai quali attinge informazioni confidenziali. Deve comunicare a coloro che forniscono informazioni riservate l'uso che di esse si intende fare, chiedere il consenso per l'utilizzo di tecnologie elettroniche nella raccolta e per la diffusione dei dati, prendendo ogni precauzione per garantire comunque la massima riservatezza (Art. 11).
- Il sociologo ha il dovere di contribuire allo sviluppo della professione attraverso la ricerca scientifica, il miglioramento continuo del proprio livello professionale attraverso corsi di formazione e aggiornamento, l'insegnamento nelle sue diverse forme, l'esercizio della libera critica nel quadro di una discussione pubblica, la diffusione diretta, ove possibile, dei risultati raggiunti, la denunzia delle manipolazioni che egli riscontri nella scelta, nell'uso, nell'interpretazione di dati ed informazioni. Nell'esercizio dell'attività di insegnamento è dovere del sociologo presentare agli studenti le diverse teorie e gli approcci propri della disciplina, così come è suo dovere rendere chiare le implicazioni deontologiche del lavoro del sociologo (Art. 12).

Relativamente ai rapporti professionali e scientifici, il Codice Deontologico stabilisce che:
- Il sociologo che presta la sua opera è tenuto ad osservare quanto previsto nel codice deontologico e deve dare notizia delle norme che regolano la sua professione. Il sociologo deve rifiutare attività che contrastino con le norme del presente codice e con i doveri di indipendenza, riservatezza, tutela della dignità delle persone (Art. 13).
- Nei confronti dei committenti, pubblici o privati, il sociologo accetterà gli incarichi che corrispondano alle sue competenze ed alle sue possibilità di realizzarli senza venir meno ai suoi doveri di oggettività, indipendenza, veridicità, rispetto per le persone coinvolte nella sua attività. Per l'acquisizione degli incarichi professionali, il sociologo potrà legittimamente avvalersi di forme di pubblicità consentite dalle leggi vigenti, privilegiando però quelle che facciano leva sui momenti di discussione scientifica pubblica del proprio lavoro, quelle che si sviluppano all'interno dell'associazione professionale, e, infine, quelle legate alla comunicazione tra persone o organizzazioni che si siano avvalse del suo lavoro professionale. Il sociologo che abbia assunto un incarico professionale deve tener fede agli impegni contrattuali, tutelando i legittimi interessi del committente e la riservatezza sulle informazioni di cui verrà a conoscenza. Il sociologo non deve accettare incarichi di lavoro finalizzati alla costituzione o all'uso di sistemi di documentazione, se non vi siano garanzie a tutela del cliente, dell'utente e del pubblico. Per lo svolgimento del suo incarico di lavoro il sociologo richiederà un compenso equo, non subordinato ad altra condizione che alla realizzazione del suo intervento professionale (Art. 14).
- I rapporti di lavoro del sociologo con professionisti di altre discipline devono essere improntati ai principi della cooperazione e dell'integrazione disciplinare, senza perdere di vista le competenze specifiche e l'autonomia professionale di ciascuno (Art. 15).
- Il sociologo ha l'obbligo di rispettare la dignità personale e il lavoro dei colleghi, esercitando liberamente la propria analisi critica, valorizzando, ogni qualvolta gli sia possibile, le competenze dei colleghi in campi specifici, diffondendo, se del caso e senza violare impegni di riservatezza, informazioni e strumenti di lavoro (Art. 16).
- Il sociologo esprime valutazioni e giudizi professionali solo se basati sulla conoscenza diretta o su dati affidabili. Non fa dichiarazioni ingannevoli e qualora venga a conoscenza di dichiarazioni ingannevoli fatte da altri prende le iniziative necessarie per contestarle (Art. 17).
- Il sociologo che è chiamato, nell'espletamento della professione, a valutare o a selezionare colleghi o altre figure professionali deve esprimere il suo giudizio in modo obiettivo attenendosi esclusivamente a criteri di qualificazione, competenza e preparazione (Art. 18).
- Il sociologo provvede al tirocinio e alla supervisione dei suoi studenti, funzionari o impiegati e prende le misure adeguate affinché tali persone svolgano il loro servizio in modo responsabile, competente, eticamente ineccepibile. Esso delega ai suoi

studenti, collaboratori, o impiegati solo quelle responsabilità che tali persone possono ragionevolmente portare a termine in modo competente, in base alla loro educazione, esercizio, ed esperienza, sia in modo indipendente sia con l'ausilio necessario (Art. 19).

- Il sociologo non utilizza le persone di cui ha il controllo a proprio vantaggio personale, economico o professionale e tiene nei loro confronti un atteggiamento rispettoso (Art. 20).

Bibliografia

Adorno TW (2005) Minima Moralia. Meditazioni sulla vita offesa. Einaudi, Torino
Amerio P, Borgogno F (1975) Introduzione alla psicologia dei piccoli gruppi. Giappichelli, Torino
Arcuri FP (1992) Come gestire le risorse umane. Pirola, Milano
Arcuri FP, Ciacia C, Giorgilli F (2009) Il gruppo nelle organizzazioni. Palinsesto Editore, Roma
Arcuri FP, Giorgilli F (1993) Il lavoro di gruppo. Pirola, Milano
Asch SE (1981) Psicologia sociale. Sei, Torino
Barbagli M, Dei M (1971) Le vestali della classe media. Il Mulino, Bologna
Baritz L (1963) I servi del potere. Bompiani, Milano
Battistoni L (1984) Le fasi evolutive del lavoro industriale. La ricerca di A. Touraine alle officine Renault. In: De Masi D, Bonzanini A (a cura di) Trattato di sociologia del lavoro e della organizzazione. La ricerca. Angeli, Milano
Becker HS (1987) Outsiders. Saggi di sociologia della devianza. EGA, Torino
Benedict R (1960) Modelli di cultura. Feltrinelli, Milano [ed. orig. 1934]
Bennis WG (1972) Lo sviluppo organizzativo. Etas, Milano
Bianco F (1985) Introduzione a Dilthey. Laterza, Bari
Biraghi A (a cura di) (1957) Dizionario di filosofia. Comunità, Milano
Blalok HM jr (1969) Statistica per la ricerca sociale. Il Mulino, Bologna
Bonzanini A (1984) Individuo e gruppo. In: De Masi D, Bonzanini A (a cura di) Trattato di sociologia del lavoro e della organizzazione. La ricerca. Angeli, Milano
Bruscaglioni M, Spaltro E (1989) La psicologia organizzativa. Angeli, Milano
Butera F (1979) Lavoro umano e prodotto tecnico. Una ricerca sulle acciaierie Terni. Einaudi, Torino
Butera F (1979) La ricerca intervento. Studi organizzativi. 1-2, mar-giu
Campelli E (1999) Da un luogo comune. Elementi di metodologia delle scienze sociali. Carocci, Roma
Carbonaro A, Pagani A, Brambilla F (1958) Introduzione alla ricerca sociologica. La Nuova Italia, Firenze
Ciacia C (1992) Come preparare e presentare una relazione di lavoro. Pirola, Milano
Comte A (1967) Corso di filosofia positiva. UTET, Torino
Dahrendorf R (1961) Gesellshaft Freiheit und Soziologischen Zur Analyse der Gegenwart. Piper & Co., München. Piper & Co., München. In: Ferrarotti F (1972) Trattato di sociologia. UTET, Torino
Dale E (1979) Organizzazione. Angeli, Milano
Dautriat H (1995) Il questionario: guida per la preparazione e l'impiego nelle ricerche sociali di psicologia sociale e di mercato. Angeli, Milano
De Masi D (a cura di) (1985) L'avvento post-industriale. Angeli, Milano
De Masi D (a cura di) (1985) Manuale di ricerca sul lavoro. Angeli, Milano
De Masi D (a cura di) (1989) L'emozione e la regola. I gruppi creativi in Europa dal 1850 al 1950. Laterza, Bari
De Masi D (1989) Un team di scienziati: Enrico Fermi e il gruppo di via Panispema. In: De Masi D (a cura di) L'emozione e la regola. I gruppi creativi in Europa dal 1850 al 1950. Laterza, Bari

De Masi D (1994) Sviluppo senza lavoro. Edizioni Lavoro, Roma
De Masi D (1999) Il futuro del lavoro. Fatica e ozio nella società postindustriale. Rizzoli, Milano
De Masi D (2003) La fantasia e la concretezza. Creatività individuale e di gruppo. Rizzoli, Milano
De Masi D, Bonzanini A (a cura di) (1984) Trattato di sociologia del lavoro e della organizzazione. La ricerca. Angeli, Milano
De Masi D, Bonzanini A (a cura di) (1988) Trattato di sociologia del lavoro e dell'organizzazione. L'industria. Angeli, Milano
Dewey J (1949) Logica, teoria dell'indagine. Einaudi, Torino [ed. orig. 1939]
Durkheim E (1977) La divisione del lavoro sociale. Comunità, Milano [ed. orig. 1893]
Duverger M (1967) I metodi delle scienze sociali. Etas Kompass, Milano
Elder G, Pellerin L (1998) Linking History and Human lives. In: Giele J, Elder G (Eds) Methods of Life course research. Qualitative and Quantitative Approaches, pp 284-294. Sage, Thousands Oaks (CA)
Fayol H (1960) Direzione industriale e generale. Angeli, Milano
Ferrarotti F (1972) Trattato di sociologia. UTET, Torino
Ferrarotti F (1977) Giovani e droga. Liguori Editore, Napoli
Ferrarotti F (1981) Storia e storie di vita. Laterza, Bari
Ferrarotti F (1988) Oltre il razzismo. Armando Editore, Roma
Ferrarotti F (2003) La convivenza delle culture. Un'alternativa alla logica degli opposti fondamentalismi. Dedalo, Bari
Gallino L (1983) Dizionario di sociologia. UTET, Torino
Giele J, Elder G (1998) Methods of Life course research. Qualitative and Quantitative Approaches. Sage, Thousands Oaks (CA)
Goffman E (1969) La vita quotidiana come rappresentazione. Il Mulino, Bologna [ed. orig. 1956]
Goffman E (2001) Asylums. Einaudi, Torino [ed. orig. 1961]
Goode WJ, Hatt PK (1967) Metodologia della ricerca sociale. Il Mulino, Bologna
Guidicini P (1995) Questionari. Interviste. Storie di vita. Come costruire gli strumenti, raccogliere le informazioni, elaborare i dati. Angeli, Milano
Habermas J (1986) Teoria dell'agire comunicativo. Il Mulino, Bologna
Homans G (1989) La natura delle scienze sociali. Angeli, Milano
Horkheimer M, Adorno TW (1966) Lezioni di sociologia. Einaudi, Torino
Hyman H (1967) Disegno della ricerca e analisi sociologica. Marsilio, Padova
Innis H (1982) Le tendenze della comunicazione. Sugarco, Milano [ed. orig. 1951]
Izzo A (1977) Storia del pensiero sociologico. Il Mulino, Bologna
Jedlowski P (1998) Il mondo in questione. Carocci, Roma
Kahn RL, Cannel CF (1968) La dinamica dell'intervista. Marsilio, Padova
Kuhn TS (1969) La struttura delle rivoluzioni scientifiche. Come mutano le idee della scienza. Einaudi, Torino
La Rosa M (1999) Problemi del lavoro e strategie di ricerca empirica: un percorso attraverso alcune ricerche classiche. Angeli, Milano
Lazarsfeld PF (1967) Metodologia e ricerca sociologica. Il Mulino, Bologna
Leavitt HJ (1968) Fondamenti di psicologia per dirigenti. Etas Kompass, Milano
Leavitt HJ (1992) Psicologia per dirigenti. Etas, Milano
Lewin K (1965) Teoria dinamica della personalità. Editrice Universitaria, Firenze [ed. orig. 1935, A dynamic theory of personality]
Maccio C (1983) L'animatore dei gruppi. La Scuola, Brescia
Martino F, Sinatra A (1972) L'organizzazione per matrice. L'impresa, n. 5, sett-ott
Marx K (1972) Il Capitale. Editori Riuniti, Roma [ed. orig. 1867]
Mc Gregor D (1972) L'aspetto umano dell'impresa. Angeli, Milano
Mead GH (1986) La filosofia del presente. Guida, Napoli [ed. orig. 1938]
Melucci A (1998) Verso una sociologia riflessiva. Il Mulino, Bologna
Merton R (1970) Teoria e struttura sociale. Il Mulino, Bologna
Mills CW (1974) Le élite del potere. Einaudi, Torino

Minguzzi GF (1973) Dinamica psicologica dei gruppi sociali. Il Mulino, Bologna
Mucchielli R (1990) La dinamica di gruppo. Elle Di Ci, Torino
Naisbitt J (1984) Megatrends. Le dieci nuove tendenze che trasformeranno la nostra vita. Sperling & Kupfer, Milano
Novara F, Rozzi RA, Sarchielli G (1983) Psicologia del lavoro. Il Mulino, Bologna
Olagnero M, Saraceno C (1993) Che vita è. L'uso dei materiali biografici nell'analisi sociologica. Carocci, Roma
Panzarani R (2009) Innovazione e business collaboration nell'era della globalizzione. Edizioni Palinsesto, Roma
Pareto V (1906) Manuale di economia politica con una introduzione alla scienza sociale. Società Editrice Libraria, Milano
Pareto V (1964) Trattato di sociologia generale. Comunità, Milano [ed. orig. 1916]
Parsons T (1962) La struttura dell'azione sociale. Il Mulino, Bologna
Parsons T (1971) Sistemi di società. Il Mulino, Bologna
Piezzo S (1984) La lezione insuperata. Elton Mayo e le ricerche alla Western Electric. In: De Masi D, Bonzanini A (a cura di) Trattato di sociologia del lavoro e della organizzazione. La ricerca. Angeli, Milano
Pollo M (1990) Il gruppo come luogo di comunicazione educativa. Elle Di Ci, Torino
Quaglino GP, Ermolli G (1985) La formazione. Criteri e metodi di valutazione. Angeli, Milano
Rossi P (a cura di) (1970) Il concetto di cultura: i fondamenti teorici della scienza antropologica. Einaudi, Torino
Scarpitti Brocchieri G (1984) Il buon capo. Venti anni di ricerche e interventi di R. Likert sugli stili di leadership. In: De Masi D, Bonzanini A (a cura di) Trattato di sociologia del lavoro e della organizzazione. La ricerca. Angeli, Milano
Shannon C, Weaver W (1971) The mathematical theory of communication. University of Illinois Press, USA [trad. it. La teoria matematica delle comunicazioni. Etas Kompass, Milano]
Simmel G (1984) La filosofia del denaro. UTET, Torino [ed. orig. 1903]
Simmel G (1985) La moda e gli altri saggi di cultura filosofica. Longanesi, Milano
Smelser NJ (1984) Manuale di sociologia. Il Mulino, Bologna
Statera G (1997) La ricerca sociale. Logica, strategie, tecniche. Seam, Roma
Sumner G (1906) Folkways. Study of mores, manners, customs and morals. Dover Publications, Mineola
Taylor FW (2004) L'organizzazione scientifica del lavoro. Etas, Milano [ed. orig. 1911, The principles of scientific management]
Thomas WI, Zananiecki F (1968) Il contadino polacco in Europa e in America. Comunità, Milano
Toffler A (1981) The third wave. Pan Books, London
Tonnies F (1979) Comunità e società. Ed. Comunità, Milano [ed. orig. 1887]
Touraine A (1965) Sociologie de l'action. Editions du Seuil, Paris
Touraine A (1974) L'evoluzione del lavoro operaio alla Renault. Rosemberg & Sellier, Torino
Touraine A (1979) La società post-industriale. Il Mulino, Bologna
Touraine A (2009) Il mondo è delle donne. Il Saggiatore, Milano
Trapanese EV (a cura di) (1997) Sociologia e modernità. NIS, Roma
Truini D (1990) Guida alla comunicazione interpersonale di gruppo. Angeli, Milano
von Bertalanffy L (1977) Teoria generale dei sistemi. Isedi, Milano
von Bertalanffy L (1971) Il sistema uomo. Ili, Milano
Watzlawick E, Beavin IH, Jackson DD (1971) Pragmatica della comunicazione umana. Astrolabio, Roma
Weber M (1958) Il metodo delle scienze storico-sociali. Einaudi, Torino
Weber M (1961) Economia e società. Comunità, Milano
Weber M (1970) L'etica protestante e lo spirito del capitalismo. Sansoni, Firenze
Yamane T (1967) Elementary Sampling Theory. Prentice-Hall, Englewood Cliffs [cit. in: De Masi D, Bonzanini A (1984) Trattato di sociologia del lavoro e della organizzazione. La ricerca. Angeli, Milano]

SPRINGER NATURE

GPSR Compliance

The European Union's (EU) General Product Safety Regulation (GPSR) is a set of rules that requires consumer products to be safe and our obligations to ensure this.

If you have any concerns about our products, you can contact us on ProductSafety@springernature.com

In case Publisher is established outside the EU, the EU authorized representative is:

Springer Nature Customer Service Center GmbH
Europaplatz 3
69115 Heidelberg, Germany

The manufacturer's authorised representative in the EU is Springer Nature Customer Service Centre GmbH, Europaplatz 3, 69115 Heidelberg, Germany. If you have any concerns regarding our products, please contact ProductSafety@springernature.com

Printed and bound by CPI Group (UK) Ltd, Croydon, CR0 4YY

23/03/2026

02076398-0017